Wilhelm Schoen

Die Lehre vom Gesichtsfelde und Seinen Anomalien

Eine physiologisch-kinische Studie

Wilhelm Schoen

Die Lehre vom Gesichtsfelde und Seinen Anomalien
Eine physiologisch-kinische Studie

ISBN/EAN: 9783743680937

Hergestellt in Europa, USA, Kanada, Australien, Japan

Cover: Foto ©ninafisch / pixelio.de

Weitere Bücher finden Sie auf **www.hansebooks.com**

DIE LEHRE

VOM

GESICHTSFELDE

UND SEINEN ANOMALIEN.

———

Eine physiologisch-klinische Studie

von

DR. WILHELM SCHOEN,

ehemalig. Assistenzarzt an der ophthalmologischen Klinik in Zürich.

Mit 12 lithographirten Tafeln und 17 Holzschnitten.

Berlin, 1874.

Verlag von August Hirschwald.

68 Unter den Linden 68.

Meinem verehrten Lehrer

Herrn

Professor Friedrich Horner

gewidmet.

Während einerseits der Rahmen des Lehrbuchs überschritten wurde, enthält andererseits das Buch für den Fachmann viel Bekanntes. Einigermassen mag diese Mischform auf Nachsicht rechnen dürfen, weil sie bei dem gegenwärtigen Stande der Ansichten kaum zu vermeiden war, und ich hoffe darum, dass sich das Buch, als erster Versuch, eine bisher vorhandene Lücke auszufüllen, einer milden Beurtheilung erfreuen wird.

Der Verfasser.

Inhalt.

— —

Die Gesichtsfelder befinden sich

Zur Beachtung. Die eine Tafel ist durch ein Vorsehen mit S. anstatt mit L. bezeichnet worden.

Auf die Bedeutung der Gesichtsfeldmessung, namentlich für die Prognose, machte v. Graefe [1]) zuerst aufmerksam in dem Aufsatze „Ueber die Untersuchung des Gesichtsfeldes bei amblyopischen Affectionen". Er sagt: „Was den prognostischen Werth der Gesichtsfeldanomalieen anbetrifft, so ist derselbe nicht hoch genug anzuschlagen. Umfangreiche Besserungen in der Sehschärfe werden selbst bei langdauernden stationären Uebeln ausserordentlich häufig erreicht, während Veränderungen im Gesichtsfelde im Allgemeinen nur mässigen Umfangs und in der Mehrzahl der Fälle gar nicht erzielt werden." Später entwickelte er an einer Reihe einzelner Fälle die Tragweite vorgefundener Abnormitäten. Nach ihm haben theils in physiologischer, theils in pathologischer Richtung auf diesem Gebiete eine grosse Anzahl Forscher gearbeitet.

v. Graefe benutzte eine Wandtafel, liess den Patienten, dessen Auge sich in der Entfernung von einem Fusse befand, einen Punkt auf derselben fixiren und brachte von der Peripherie her einen weissen Gegenstand (ein Kreidestück oder meistens eine weisse Kugel an einem schwarzen Stabe), denselben leicht hin und her bewegend, näher gegen den Fixationspunkt, bis er gesehen wurde. Um die Reihe von Punkten, in welchen das Object sichtbar wurde, leichter bestimmen und aufzeichnen zu können, wurde die Tafel schachbrettförmig in Quadrate eingetheilt.

Oder er liess in derselben Weise in der Mitte eines Bogens Papier einen Fleck fixiren, von dem nach 8 Richtungen Reihen von Punkten verliefen, in gleichen Entfernungen von einander. Der Patient hat anzugeben, wie viel Punkte er nach jeder Richtung sieht.

Messung an der Tafel.

----

1) Archiv f. O. II 2, 258.

1

Joy Jeffries wandte zuerst Schemata an, auf welche die Figur des Gesichtsfeldes übertragen wurde.

Donders[1]) heftete auf die Tafel selbst Bogen von blauem Papier, auf welchen das Gesichtsfeld entworfen wurde, die dann abgenommen und im Original aufbewahrt werden konnten.

Wecker brachte vor der Tafel einen Halter für das Kinn des Patienten an. Ein anderer von ihm angegebener Apparat ist wenig in die Praxis eingedrungen.

Heymann[2]) gab einen sehr ingeniösen Apparat an, der aus zwei Scheiben bestand, von welchen die eine einen radiären schmalen Schlitz besass, die andere eine in Schlangenlinie verlaufende Reihe von Löchern enthielt. Hinter dem Apparat wurde eine Lichtquelle angebracht. Es liess sich nun in jeder beliebigen Entfernung vom Centrum ein Lichtpunkt herstellen.

Messung mit dem Perimeter.

Gegenwärtig ist die Tafel fast vollständig vom Perimeter verdrängt, welchen zuerst Förster angab und den später Schweigger, Scherk und Landolt modificirten. Den Vorzug, welchen derselbe vor der Tafel verdient, haben Möser und Landolt dargelegt. Er beruht erstens darin, dass nach aussen vom Fixirpunkt, wenn das untersuchte Auge 1 Fuss von demselben entfernt ist, die Tafel eine Ausdehnung von etwa 9 Fuss haben müsste, um das ganze Gesichtsfeld aufzunehmen; zweitens befindet sich das Object, mit welchem das peripherische Sehen geprüft wird, in der Peripherie in grösserer Entfernung, das Netzhautbild ist daher um so kleiner. Es wird also die Peripherie nicht mit dem gleichen Maasse gemessen, wie das Centrum; drittens kommt einer Beschränkung von z. B. 6 Zoll in der Peripherie der Tafel eine viel weniger erhebliche Bedeutung zu, als einer gleichgrossen in grösserer Nähe des Mittelpunktes. Man kann also nur durch wiederholte ungefähre Schätzung zu einem Urtheil über den Stand der Dinge kommen. Zu unterschätzen ist auch nicht der Umstand, dass man, hinter dem Perimeter stehend, sich überzeugen kann, ob das untersuchte Auge beständig das Fixationsobject fixirt.

1) Nederlandsch Gasthuis 1861, S. 184 (Anmerkung).
2) Zehender, klinische Monatsblätter 1868, S. 415.

Aus diesen Gesichtspunkten ist das Perimeter entschieden vorzuziehen.

Wie Förster betonte, bildet der Mariotte'sche Fleck eher das Centrum der Retina als die Macula. Darum und weil ihm sich pathologische Beschränkungen um die Papille, nicht um die Macula, zu gruppiren schienen, und da eine Vergleichung mit dem ophthalmoskopischen Befunde, bei welchem man sich ebenfalls nach der Papille orientirt, dadurch erleichtert wurde, machte Förster die Papille zum Centrum seiner Messung und liess eine Kugel in 15° Entfernung vom Nullpunkte des Perimeterbogens fixiren, so dass der Nullpunkt selbst auf die Papille fiel. Diesem Verfahren sind fast alle gefolgt, nur Woinow schlug in jüngster Zeit vor, von der Macula aus zu messen.

Auch die beiliegenden Felder sind nach Förster's Methode hergestellt. Doch möchte ich jetzt fast rathen, zu dem anderen Verfahren überzugehen und zwar aus folgenden Gründen. Bei vielen Affectionen, z. B. Neuritis, Retinitis pigmentosa, ist das Gesichtsfeld concentrisch um die Macula verengt, so stark, dass es die Papille nicht mehr mit einschliesst. Bei den centralen Scotomen, bei welchen jedoch noch so viel Perception vorhanden, dass eine genaue Messung ausführbar ist, liegt häufig der Mariotte'sche Fleck ausserhalb des Scotoms. Nach der Förster'-schen Methode ist die Messung hier sehr mühsam. Dagegen bringt die Messung vom Fixationspunkt als Nullpunkt aus keine weiteren Uebelstände mit sich, als den, dass das Gesichtsfeld allerdings etwas asymmetrisch ausfällt und die Vergleichung mit dem ophthalmoskopischen Bilde schwieriger wird. Letzteres ist jedoch nicht von so grosser Bedeutung, wie es scheint.

Was den Apparat betrifft, so reicht ein Quadrant auch für die zweite Methode aus; ausserdem wird der Stab, welcher das Fixationsobject trägt, überflüssig. Dieser Stab macht sich überdies als schattengebender Körper bemerklich.

Haupterforderniss sowohl für die Messung an der Tafel als am Perimeter ist, dass das ganze Gesichtsfeld gleichmässig beleuchtet sei und nirgends sich ein Schatten befinde. Für den Perimeter lässt sich dies nur erreichen, wenn sein Bogen von zwei Fenstern Licht empfängt. Das zweite Auge des Patienten muss genau durch eine Binde geschlossen werden.

1*

Mit allen Perimetern jeder Construction lassen sich brauchbare Resultate erhalten. Auch die Tafel kann solche bei gehöriger Sorgfalt liefern.

Zur Einzeichnung des Befundes benutzt man Schemata, wie sie aus den beifolgenden Gesichtsfeldern zu ersehen sind. Dor hat Schemata construirt, auf welchen Grade und nach berechneten Verhältnissen die Grössen der zugehörenden Tangenten angegeben sind, so dass sie sowohl für das Perimeter als die Tafel (Campimeter Dor's) brauchbar sind und aus ihnen zugleich die Reduction beider Werthe ersichtlich ist. Von Wichtigkeit ist dabei, auch am Perimeter vom Fixirpunkt aus zu messen, da bei der Tafel ein anderer Ausgangspunkt nicht zweckmässig ist.

Das Princip des Perimeters beruht darauf, dass das Gesichtsfeld auf einer um den Mittelpunkt der Retinahalbkugel concentrischen Halbkugel entworfen wird, so dass das Gesichtsfeld eine der Retina durchaus ähnliche Form erhält. Scherk hat nun wirklich eine vollständige Halbkugel vor dem Auge aufgestellt, dieselbe lässt sich jedoch schwer gleichmässig beleuchten, darum wird bei allen übrigen Perimetern nur ein drehbarer Halbkreis benutzt. In dessen Mittelpunkte befindet sich das zu untersuchende Auge und fixirt entweder den Nullpunkt des gewöhnlich in einem Fuss, Radius, befindlichen Halbkreises oder (nach Förster) eine um 15° nasalwärts als Fixationsobject aufgestellte Kugel.

Beschreibungen der verschiedenen Perimeter findet man:

Förster, Mensuration du champ visuel. Annales d'Oculistique 1868, S. 5. — Communication faite au Congrès de Paris le 14 août 1867.

———— Zehender's klinische Monatsblätter 1869.

Möser, das Perimeter und seine Anwendung. Inaug.-Dissert. Breslau 1869.

Scherk, klinische Monatsblätter 1872, S. 151. Ein neuer Apparat zur Messung des Gesichtsfeldes.

Landolt, Il Perimetro e la sua Applicazione. Annali di Ottalmologia 1872, S. 465.

Carter, Lancet II S. 5 1872. An improved perimeter for measuring the field of vision.

Die Gesichtsfeldmessung hat die Aufgabe festzustellen:

I. Die Gesichtsfeldgrenzen.
  a. Aussengrenzen,
  b. Farbengrenzen.
II. Unterbrechungen in der Continuität. Scotome.
  a. Centrale
  b. Peripherische ⎱ Scotome.
  c. Ring- ⎰

Zuerst hätten wir kurz die physiologischen normalen Verhältnisse des Gesichtsfeldes darzulegen, wobei wir uns nur auf dasjenige beschränken wollen, was für unsere Vorlage in Frage kommt, — doch schicke ich, ehe wir auf die mit der Perimetermessung erhaltenen Resultate eingehen, noch die Fälle voraus, in welchen eine rohere Untersuchungsmethode allein möglich ist und auch genügt, besonders da diese Methode die ursprünglich überall angewandte war und darum auch noch der Geschichte angehört. Es sind dies die Fälle von Trübung der brechenden Medien, bei welchen man sich über den Zustand des inneren Auges vergewissern will, also vor Allem Cataract, dann Pupillarverschluss, Glaskörpertrübungen und Hornhautleukome. Ist die Trübung nicht sehr dicht, so empfiehlt sich vorzüglich die Donder'sche Untersuchungsmethode. Er stellt die Patienten mit dem Rücken gegen das Fenster und weist sie an in sein Gesicht zu sehen und womöglich das gegenüberstehende Auge zu fixiren. Das nicht untersuchte Auge des Kranken wird vorsichtig geschlossen. Er untersucht nun, in welcher Richtung und Entfernung noch Handbewegungen gesehen, resp. Finger gezählt werden. Dabei kann er sich leicht überzeugen, ob das untersuchte Auge auch nicht von der ihm angewiesenen Richtung abweicht, zugleich vergleicht er das Gesichtsfeld des untersuchten Auges mit seinem eigenen, er überzeugt sich, ob der Kranke die Hand überall sieht, wo sie ihm selbst sichtbar ist, und erhält dadurch eine sichere Schätzung der etwaigen Abnormitäten. Man muss die Hand natürlich in einer Ebene, mitten zwischen eigenem und untersuchtem Auge, bewegen. Ist diese Untersuchung wegen zu dichter Trübung, etwa reifer Cataract nicht mehr möglich, so muss man sich, wie für die Sehprüfung mit der Lichtscheinmessung, so für die Gesichtsfeldmessung mit der Prüfung der Projection begnügen, ob nämlich eine Flamme

[Marginalie:] Prüfung des Lichtscheines u. der Projection.

nach allen Richtungen seitlich der Sehlinie lokalisirt wird. Man lässt entweder eine grössere Flamme fixiren und führt eine kleinere in der Peripherie herum, wobei der Kranke anzugeben hat, ob und wo er die zweite Flamme sieht, oder man bringt, während man mit der Hand das Auge verdeckt, eine Flamme an einen Ort der Peripherie und lässt den Patienten, indem man die Hand fortzieht, angeben, wo sich die Flamme befindet. Kann er dies ohne langes Suchen, so ist der Augenhintergrund jedenfalls gesund.

Auf diese Weise wenigstens kann man sich davor bewahren, dass uns nach Entfernung des dioptrischen Hindernisses eine Netzhautablösung, umfangreiche choroiditische Processe, weit vorgeschrittenes Glaukom und fast totale Sehnervenatrophie überraschen. Feinere pathologische Veränderungen entgehen natürlich dem Nachweise.

Ist ein Fremdkörper in den Glaskörper eingedrungen und verhindert die Cataracta traumatica den Einblick, so gelingt es häufig, durch obige Methoden seine Lage zu bestimmen. Da er sich gewöhnlich in den unteren Partien befindet, so zeigt sich entsprechend eine Gesichtsfeldbeschränkung nach oben.

v. Graefe führt hier auch die Differential-Diagnose zwischen einfacher Hämorrhagie im Gaskörper und hämorrhagischer Netzhautablösung an, die allein durch Feststellung der Projection mit einer Lampe möglich ist. Wird letztere in der betreffenden Richtung gut gesehen, so ist ihm zufolge eine Netzhautablösung auszuschliessen. Doch dürfte diese Unterscheidung nicht absolut sicher sein, da Berlin[1]) Gesichtsfeldbeschränkung hervorgerufen fand durch die einen Fremdkörper umgebenden Blutgerinnsel.

Bei einem Kranken, welcher zur Staaroperation gekommen war, fand sich L. reife Cataract, R. dieselbe ziemlich weit vorgeschritten. L. fehlte bei ziemlichem Lichtschein die Projection fast gänzlich. Eine hierauf sehr genau aufgenommene Anamnese ergab, dass Patient schon als Kind nicht gut gesehen habe, besonders am Abend schmale Fusspfade nie habe gehen können. Nach Erweiterung der Pupille L. war eben noch der ophthalmoskopische Einblick möglich, welcher Retinitis pigmentosa constatiren liess.

---

1) Vergl. Berlin in A. f. O. XIII. S. 301 und 293. ·

Die Gesichtsfeldperipherie.

Dem nun folgenden Abschnitt muss eine Feststellung der genaueren physiologischen Verhältnisse voraus gehen.

Nach v. Graefe[1]) beträgt die vertikale Ausdehnung des Gesichtsfeldes 160°, die horizontale 174°. Sie ist veränderlich mit der Accommodation, wie Liebreich fand, und zwar für Einstellung in die Nähe grösser.

Die Zahlen v. Graefe's sind jedoch etwas zu hoch. Förster nimmt für die horizontale Ausdehnung an 130°, für die vertikale 110°; Landolt[2]) für erstere 135°, für letztere 120°; Uschakoff[3]) 142° und 120° als Maximum, 120° und 114° als Minimum; Reich 149° und 129°.[4]) Eine zu grosse Genauigkeit ist nicht möglich und nicht erforderlich; man hat mit so vielen veränderlichen Momenten zu rechnen, dass dieselbe doch illusorisch würde. Ich werde als Norm festhalten: horizontal 140°, vertical 120° als Durchschnittszahlen; Förster's Zahlen sollen (als was sie gegeben sind) die kleinsten noch normalen sein.

Vom Fixirpunkt nach dem oberen und unteren Rande ist die Entfernung ziemlich gleich gross. Dagegen dehnt sich das Gesichtsfeld nach innen um 45—50 aus, nach aussen um 85—90, so dass der Fixationspunkt ziemlich excentrisch nach innen liegt. Mehr im Mittelpunkte des Gesichtsfeldes liegt der Mariotte'sche Fleck. Die Entfernung seines inneren Randes von der Macula beträgt nach Aubert 12°, nach Landolt[5]) 13°, Förster[6]) nimmt für seine Mitte mit hinreichender Genauigkeit 15° an. Vom blinden Fleck aus beträgt die Ausdehnung nach allen Richtungen ungefähr 60°. Aus diesem Grunde hauptsächlich machte Förster denselben zum Ausgangspunkte seiner Messung.

---

1) Archiv II 2, 263.
2) a. a. O.
3) Reichert u. Dubois Archiv. 1870.
4) Reich, Materialien zur Bestimmung der Grenzen des Gesichtsfeldes. Inaug.-Dissert. Petersburg (Russisch).
5) Landolt, La distanza diretta tra la macula e la papilla. Annali d'Ottalmologia. 1872.
6) a. a. O.

Genauer sind die äusseren Gesichtsfeldgrenzen vom blinden Fleck aus

	nach Förster:	nach unserer Annahme:
Oben	45°,	55—60°,
Aussen	70°,	75°,
Unten	65°,	65°,
Innen	60°,	70°.

·Unsere Zahlen sind wie gesagt Durchschnittszahlen. Die Grösse der ersten ist wahrscheinlich der Hebung des oberen Lides zuzuschreiben, die der letzten der Drehung des Kopfes, durch die bei jeder Messung der Einfluss der Nase eliminirt wird. Am Perimeter wird ein weisses Plättchen von 20 mm. Seite langsam von der Peripherie her herangeschoben, bis der Patient einen Schimmer davon bemerkt.

Nach Reich ist das Gesichtsfeld grösser bei Hypermetropen, kleiner bei Myopen, während die Emmetropie in der Mitte steht; doch sind die Unterschiede nicht sehr bedeutend. Ebenso hat Raehlmann einen Unterschied in der Ausdehnung der Farbengrenzen für die verschiedenen Refractionszustände gefunden; doch bedürfen die Resultate noch der Bestätigung.

Normale Ausdehnung der Farbenempfindungen im Gesichtsfelde. Um Kranke auf die Ausdehnung der Farbenempfindungen zu untersuchen, halte ich eine Abweichung von der Methode, wie· sie Raehlmann[1]) und Woinow[2]) bei gesunden Augen anwandten, für nothwendig.

Raehlmann hat den Punkt bestimmen lassen, in welchem eine Farbe als solche saturirt erkannt wird. Dies erfordert grosse Uebung, die man bei den Patienten nicht voraussetzen darf; ausserdem ruft man dabei zu wenig den unmittelbaren Eindruck auf und giebt dem Gedächtniss und der Ueberlegung des Patienten um so grösseren Spielraum.

Es wird darum bei den Messungen an der Züricher ophthalmologischen Klinik ein farbiges Blättchen am Perimeter von der Peripherie herangeschoben, bis Patient es richtig benennt.

Um wenigstens Anknüpfungspunkte an die physiologische

---

1) Raehlmann, Ueber die Farbenempfindungen in den peripheren Netzhautpartien. Inaug.-Dissert. Halle 1872.

2) Woinow in v. Graefe's Archiv, Bd. XVI, Abth. 1.

Theorie zu haben, wurden Anfangs rothe, grüne und violette Blättchen benutzt; es stellte sich jedoch heraus, dass letztere Farbe nicht zweckentsprechend ist. Dieselbe erscheint nämlich schon in doppelter Entfernung bei 70° als gesättigtes Blau und erst in halber Entfernung bei 35° als violett, so dass wieder die oben zurückgewiesene Zumuthung an den Patienten gestellt wird, zu entscheiden, wann die Violettempfindung deutlich vorhanden ist.

Die Messungen wurden also mit blau, roth und grün angestellt, mit Quadraten von 20 mm. Seite.

Als normal kann man folgende Verhältnisse hinstellen. Am weitesten nach aussen reicht die Empfindung für blau. Nach innen folgen unmittelbar roth und gelb, in etwas grösserer Entfernung grün.

Als normale Farbengrenzen werden angenommen:

	Blau	Roth	Grün
O.	45°	40°	30—35°
A.	65°	60°	40°
U.	60°	50°	35°
I.	60°	50°	40°

Es sind dies Durchschnittszahlen, vom blinden Fleck aus gerechnet, nicht die kleinsten noch normalen.

Raehlmann findet die Ausdehnung von roth im Mittel zu 15°, von grün zu 11°, bei Quadraten von 3 mm. Seite, zu 30°, resp. 22°, mit Quadraten von 12 mm. Seite.

Woinow fand für roth im Mittel 28°, für grün 27°. Die Grösse seiner Objecte giebt er nicht an, weil er dieselbe für gleichgültig hält. Ich habe mich davon überzeugt, dass, wie Raehlmann in Uebereinstimmung mit Aubert angiebt, kleinere Flächen erst näher dem Centrum erkannt werden. Dehnten sich die Farbengrenzen in demselben Maasse aus bei Vergrösserung der Objecte, wie Raehlmann für 3 mm. und 12 mm. gefunden — nach Aubert ist das nicht der Fall — so resultirte für Quadrate von 24 mm. Seite für roth 45°, für grün 33°. Diese Zahlen kommen den unserigen nahe.

Der Hauptgrund, weshalb unsere Grenzen weiter sind, als die von Anderen gefundenen ist wie schon Landolt[1]) angiebt, der,

---

1) a. a. O.

dass der Kranke aufgefordert wird, die Farbe zu benennen, sobald er sie erkennt. Dieselbe ist dann weit davon entfernt, schon gesättigt zu erscheinen; es ist dies jedoch die für pathologische Fälle einzig anwendbare Methode.

Bezeichnen wir die Grenze des Gesichtsfeldes überhaupt als Aussengrenze, die des Farbengesichtsfeldes, repräsentirt durch die blaue Linie als Farbengrenze, so findet sich eine Zone von ca. 10° zwischen beiden. Es soll nicht gesagt sein, dass diese Zone völlig farbenblind sei, jedoch wird in derselben keine unserer Pigmentfarben erkannt.

Jenseits der Grenze, innerhalb welcher die einzelnen Farben als solche erkannt werden, folgt eine Zone, in welcher sie verändert erscheinen. [1]) Roth geht durch Gelb, vor hellem Grunde in Braun und Schwarz, vor dunklem in Grau über, Grün durch Gelb in Grau, Blau in Grau, so dass zunächst der Peripherie eine Zone liegt, in welcher alle Farben grau erscheinen. Auf diese folgt eine andere, in welcher nur Blau erkannt wird, Roth, Gelb, Grün, in der äusseren Partie Grau, in der innern gelblich erscheint. Dies wäre Schelske's Rothblinde Zone. Ob der Ausdruck sowohl wie der Begriff haltbar ist, werden wir später untersuchen.

Aehnliches gilt für die anderen Farben. So geht Violett in einer bestimmten Entfernung vom Centrum in Blau über, zu äusserst endlich ebenfalls in Grau.

Rachlmann hat die Grenzen dieser Zonen, in welchen die Farben verändert erscheinen, zu bestimmen gesucht, doch hängen dieselben von zu vielen veränderlichen Momenten ab.

Erklärung der verschiedenen Ausdehnung der einzelnen Farbenempfindungen.

Obgleich wir hauptsächlich die praktische Seite im Auge haben, wollen wir doch versuchen, den Befund mit der Theorie der Farbenempfindung in Einklang zu bringen. Wie oben erwähnt, hatten wir auch unsere Farbengrenzen aus praktischen Gründen gezogen und dadurch etwas andere erhalten, als wie sie der Wirklichkeit entsprechen. Die letzteren sind, wie sie andere Autoren gefunden, ebenfalls aufgeführt worden. Jedenfalls ist auch für uns die zunächst zu beantwortende Frage die, wie die verschiedene Ausbreitung der Farben im Gesichtsfelde zu erklären sei. Weshalb erscheint Roth in mittlerer Entfernung vom Centrum Gelb und

---

1) Rachlmann, Woinow. Landolt a. a. O.

geht dann durch Braun in Schwarz über (vor hellem Hintergrunde), weshalb Grün in Gelb und Grau, Violett in Blau. Wie erklärt sich endlich, dass ganz zu äusserst alle Farben als grau erscheinen?

Nachdem Woinow[1]) die Ansicht Aubert's, nach welcher dies ein Phänomen der leichteren Ermüdung der Peripherie sein sollte, als unhaltbar erwiesen hatte, und die aufgeworfene Frage, ob die Ursache in verminderter Beleuchtungsintensität liegen könne, weil Grün in der Dämmerung central nicht Gelb, sondern Bläulich erscheine,[2]) verneint hatte, hielt er es für nothwendig, auf die Vertheilung der specifischen Nervenelemente zu recurriren.

Es sollen in der Peripherie die grün und roth empfindenden Elemente sparsamer werden, dann die rothen verschwinden, endlich die blauen und nur spärliche grün empfindende bis zur Aussengrenze bleiben.

Die rothblinde (?) Zone wurde experimentell von Schelske[3]) nachgewiesen. Aus der spärlicheren Anordnung der Zapfen erklären Woinow und Adamück auch die geringere Intensität des peripherischen Nachbildes.

Fick[4]) macht auf den logischen Widerspruch aufmerksam, der in diesen Annahmen mit der Hypothese Young-Helmholtz, die doch beibehalten werden soll, enthalten ist. Seine Schlussfolgerungen sind diese. Der Eindruck Weiss wird nur durch sämmtliche Fasern vermittelt, kann also auch nur dort auftreten, wo sämmtliche Fasern vorhanden sind. In der äquatorialen Zone, wo nur blau empfindende Fasern vorhanden sind, müsste Alles in gesättigstem

---

1) Archiv f O. 16 I. 217 und 17 I, 135.

2) Mir erschien das bei einem grünen Pigmente auch so, während andere von verschiedener Nuance in graulich und gelblich übergingen. Wäre nicht vielleicht die Beobachtung Woinow's dahin zu erklären, dass das ihm vorliegende Pigment ein bläulich-grünes gewesen und durch Wirkung seines Maculapigmentes ein Theil der grünen Strahlen absorbirt wurde, so dass das Blau dominirte? This insensibility is not to all light of a green or blue colour but to light of definite refrangibility (between the fixed lines *E* and *F*). This peculiarity is confined to the yellow spot. Maxwell, the theory on compound colours. Phil. Transact. 1860, S. 76.

3) Schelske, Archiv f. O. IX.

4) Fick, Zur Theorie der Farbenblindheit. Verhandlungen der physik.-medicin. Gesellschaft zu Würzburg, Bd. V. S. 160. 1873.

Blau erscheinen, auch weisse Flächen. Auf der mittleren Retina-
zone könnte auch der Eindruck Weiss nicht zu Stande kommen,
sondern nur Eindrücke der tiefsten Farbensättigung, und zwar
derjenigen Qualitäten, welche wir mit Grün, Grünblau, Blau bezeichnen. Diese Eindrücke entstehen nämlich nach der Young'-
schen Theorie durch die gleichzeitige Erregung der grün und blau
empfindenden Fasern in verschiedenen Verhältnissen der Stärke.

Fick selbst giebt dann eine andere Erklärungsweise. Nach
ihm sollen sich die Erregbarkeitscurven für die Endapparate der
Fasergattungen ändern. Im Centrum sollen sie sich verhalten wie
in I dargestellt, in der mittleren Zone wie in II, am Aequator

Fig. 1.

I.

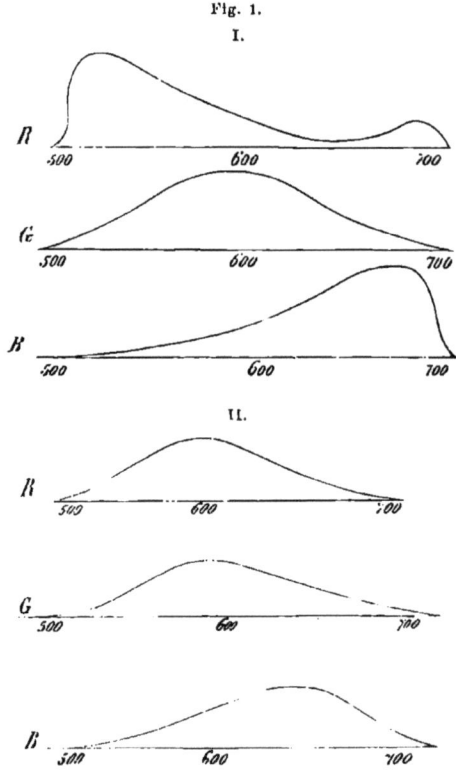

II.

wie in III. Die unten stehenden Zahlen geben die Schwingungs-
zahlen der verschiedenen Lichtarten (in Billionen) an — rothe
Strahlen = 500, grüne = 600, blaue = 700 —, die Ordinaten

der Curven geben an, in welcher Stärke jede der drei Young'schen Fasern von den Strahlen verschiedener Wellenlänge gereizt wird. Auf diese Weise erklären sich die Verhältnisse allerdings, doch.

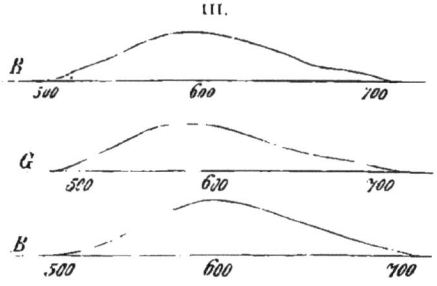

ist nicht recht wahrscheinlich, dass in der Peripherie Strahlen anderer Schwingungsdauer die stärker reizenden sein sollen, als im Centrum, dass Fasern gegen eine Lichtart, gegen die sie im Centrum am empfindlichsten waren, in der Peripherie unempfindlicher sein sollen, als gegen eine andere.

Fig. 2.

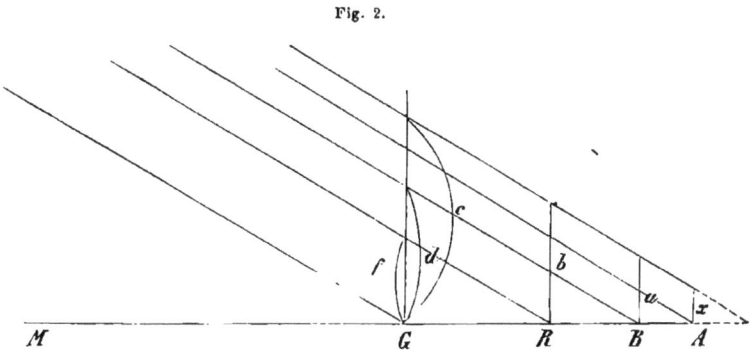

M sei der Mariotte'sche Fleck, MA die Ausdehnung des Gesichtsfeldes nach einer Richtung, B, R, G = Blau-, Roth-, Grüngrenze.

Wir sind jetzt auf den Weg gelangt, den ich für den richtigen halte, nämlich die Veränderung der Farbenempfindung als abhängig von der Erregbarkeit zu betrachten, wie ich dies schon in meiner Arbeit[1]) dargestellt habe.

---

1) Zehender, klinische Monatsblätter 1873. Juli-August, S. 171.

Die Intensität einer Empfindung hängt ab von der Stärke des Reizes und von der Erregbarkeit der nervösen Organe. $J = f. E R.$ Es liegt nahe nach Analogie der Abnahme der Raumempfindung an Schärfe, je weiter man in die Peripherie hinauskommt, auch eine verhältnissmässige Abnahme der Farbenempfindung, d. h. eine geringere Erregbarkeit anzunehmen, und für die am weitesten in die Peripherie hinausreichende Blauempfindung die grösste Empfindlichkeit vorauszusetzen. Gegenüber der Roth- und Grünempfindung wäre die Netzhaut weniger empfindlich.

Die Blaugrenze bezeichnet eine Zone, jenseits welcher die Raumempfindung noch sehr niedrig ist, die Höhe a noch nicht erreicht hat, die Rothgrenze entspricht einer $Se b$, endlich bei G beträgt die Intensität der Raumempfindung schon c, die der Blauempfindung d, der Rothempfindung f, während die der Grünempfindung sich eben erst über Null erhebt. Das heisst, es muss bei gleicher Reizstärke die Blauempfindung intensiver sein, als die Rothempfindung, diese als die Grünempfindung. Im Centrum endlich wird das Verhältniss ein ähnliches sein, die Intensität der Empfindung für Blau die für Roth und diese die für Grün übertreffen; die Raumempfindung scheint hier dagegen ausser Proportion bevorzugt zu sein, nicht die Farbenempfindung, die wegen der Pigmentirung des gelben Flecks vielleicht der nächsten Umgebung an Feinheit sogar nachsteht. Zu demselben Resultate kommt Schirmer[1] — es gehört, sagt er, die stärkste Energie des Farbensinns zur Empfindung von Grün, dann Roth, die geringste für Gelb und besonders für Blau.

Die Verhältnisse lassen sich mit der Young-Helmholtz'schen Theorie in Verbindung bringen, ähnlich wie es Fick gethan hat, wenn man annimmt, dass nach der Peripherie zu zunächst die Erregbarkeitscurve für die grün empfindenden Elemente sinke, dann für Roth, zuletzt für Blau in der Weise, dass zunächst die Erhabenheiten sich abflachen, wie durch die punktirten Linien Fig. 3 angedeutet ist.

Es lässt sich sehr gut denken, dass die Zapfen für hohe Erregungszustände unfähig werden, während sie noch in niedrigere versetzt werden können.

[1] Berl. klin. Wochenschrift 73. Nr. 5.

In der ersten Zone, wobei nur die punktirte Linie bei *G* zu beachten ist, wird für Roth keine Veränderung bemerkbar, dagegen macht Grün den Eindruck, wie im Centrum das Gelb bei *m*, nur lichtschwächer.

Fig. 3.

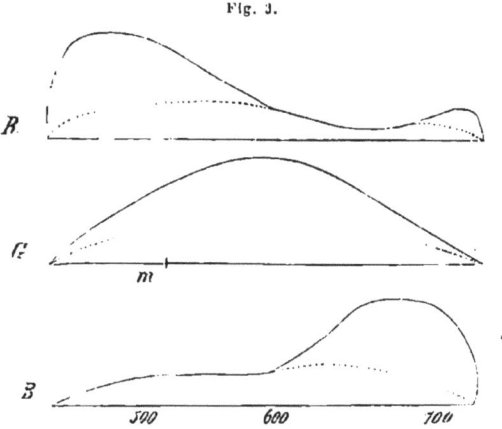

In der zweiten erscheint Roth ebenso, es ist hier auch die punktirte Linie bei *R* zu beachten, zugleich wird Violett jetzt wegen Fortfall der zweiten Erhebung der *R*-Curve blau erscheinen. Endlich am Aequator verliert auch die *B*-Curve ihre charakteristische Erhebung und dort machen alle Farben den Eindruck von gleichmässigem Grau.

Diese Auseinandersetzung gilt natürlich nur für einen Reiz von gleicher Stärke, d. h. bei einer mittleren Beleuchtung, z. B. mittlerem Tageslicht. Von einer rothblinden Zone in der eigentlichen Bedeutung des Wortes kann mithin wohl nicht die Rede sein, ja es ist sogar anzunehmen, dass, wenn die geringere peripherische Erregbarkeit durch desto stärkere Reize ersetzt wird, sämmtliche Farbeneindrücke auch in der äussersten Peripherie empfunden werden können.

Diese Auffassung hat vor Allem für sich, dass sie mit den pathologischen Zuständen in vollkommenem Einklange steht und bin ich zu derselben durch die letzteren gelangt.

Eine allen Anforderungen genügende Erklärung endlich, auch den bei pathologischen Zuständen vorkommenden Thatsachen, erhält man durch die Annahme, dass die blau, roth, grün empfindenden Fasern, jede von der ihr adäquaten Spectralfarbe, in verschiedenem Grade gereizt werden. Lässt man z. B. eine bestimmte Menge weissen Lichtes einwirken, so werden die Fasern R, G, B nicht in gleicher Stärke erregt, sondern, etwa wie in Fig. 1 Taf. II die Ordinaten angenommen sind, im Verhältniss $R : G : B = 6 : 5 : 8$. Wird nun die Intensität der Empfindung um eine gleiche Quote herabgesetzt, so wird immer die Roth-, die Grün-, die Blau- die Rothempfindung überdauern.

Die Intensität der Empfindung J ist eine Function der Erregbarkeit und der Stärke des Reizes $= f. E. R.$ Wir sind zu der Annahme berechtigt, dass gegen die Peripherie hin die Erregbarkeit der Netzhaut abnimmt. Es werden also, je mehr man sich vom Centrum entfernt, desto mehr die Curven sinken. Es ist gleichgültig, ob man annimmt, dass nur die Erhabenheiten oder die ganzen Curven niedriger werden. Zunächst werden die Curven also die Gestalt der gestrichelten annehmen. Für Roth und Blau wird sich eine Veränderung noch nicht fühlbar machen, dagegen für Grün die Ordinaten, welche die Intensität der Erregung ausdrücken, für die grün empfindenden Fasern bald nicht mehr die der roth empfindenden an Höhe übertreffen, so dass die Empfindung Gelb resultirt. Sinken die Curven in der nächsten Zone bis zu den punktirten Linien, so beträgt auch für Roth der Antheil an der Gesammterregung für die roth und grün empfindenden Fasern fast das Gleiche, es entsteht die Mischempfindung Gelb. Sinkt die Erregbarkeit noch weiter, so werden durch Roth und Grün alle Fasern in gleicher Stärke erregt; diese Erregbarkeit entspricht der nur blau empfindenden Zone. Ganz zu äusserst erscheint endlich auch Blau = Grau, weil die Ordinaten der Blaucurve die der übrigen nicht mehr überragen.

—

Die Anomalieen der Gesichtsfeldperipherie.

Allgemeines über die Anomalieen des Gesichtsfeldes bei d. Affectionen des Sehnerven, die schliesslich zur Atrophie führen.

Wir beginnen zunächst mit der Untersuchung der Atrophieen und Amblyopieen, die alle zusammen abgehandelt werden müssen, denn es ist gerade diese Erkrankungsform, deren Unterscheidung und Sonderung wir von der Gesichtsfelduntersuchung verlangen.

Die von Gräfe[1]) entwickelten Grundsätze sind auch jetzt noch für uns die leitenden. Wir wollen dieselben daher zum Ausgangspunkte nehmen und später sehen, wie unsere Untersuchungen dazu stimmen.

Eine unleugbare Entfärbung der Papille schliesst weder an sich die Gefahr einer progressiven Erkrankung ein, noch bietet normales Aussehen für einen nicht progressiven Verlauf Garantie. So wichtig auch die centrale Sehschärfe für den Gebrauch und Werth des Auges ist, so steht doch prognostisch und besonders ad caecitatem obenan die Prüfung der Gesichtsfeldperipherie. Durch die Erfahrung hat sich nämlich zur Genüge herausgestellt, dass bösartige Amblyopieen schon früh zu einer Einengung des Gesichtsfeldes neigen oder doch zu einer vorwiegenden Herabsetzung der excentrischen Sehschärfe. Es ist dies leicht erklärlich, weil die Peripherie dem functionellen und nutritiven Centrum ferner liegt.

v. Graefe unterscheidet ein

    I. absolut normales Gesichtsfeld,

    II. relativ normales, concentrisch im Verhältniss zur Herabsetzung der centralen Sehschärfe beschränktes,

    III. anomales unregelmässig beschränktes Gesichtsfeld.

Die erste Form umfasst die gutartigen Amblyopieen und kommt nie bei zu progressivem Verlauf tendirenden vor, es sei denn, dass ein noch in Entwicklung begriffener Zustand vorliegt. Ist die centrale Sehschärfe schon bedeutend herabgesetzt und der Zustand längere Zeit stabil geblieben, so ist zum Beispiel die Prognose günstiger, als wo S noch $^2/_3$ beträgt, die Krankheit aber erst seit kürzerer Zeit datirt. Es bezieht sich dies nur auf die Prognose betreffend gänzliche Erblindung, nicht auf die Wiederherstellung.

Die zweite Rubrik enthält die Uebergangsformen der gutartigen Amblyopieen in Amaurose in solchen Fällen, wo die Ursache fortdauert.

Diesen Weg gehen schliesslich alle Intoxikationsamblyopieen, die Amblyopieen in Folge schlechter Ernährung und selbst die ex anopsia. Doch ist diese Rubrik besser auszumerzen, da eine so

---

1) Zehender, klinische Monatsblätter 1865, S. 129.

genaue Abgrenzung der Fälle nicht möglich ist und die Fehlerquellen bei der Gesichtsfeldmessung zu bedeutend sind (Fähigkeit des Patienten, Beleuchtung u. s. w.).

Die dritte Kategorie sind die progressiven Fälle, die Defecte in Folge intracranieller Ursache, die Hemiopieen u. s. w. Bei den ersten ist gewöhnlich das eine Auge schon in ziemlich schlechtem Zustande, ehe das zweite erkrankt. Das Gesichtsfeld zeigt den Ausfall gewöhnlich auf der nasalen Seite zuerst. Ausserdem besteht eine Tendenz zu symmetrischer Erkrankung. Verfiel das erste Auge z. B. von innen unten her, so muss auch auf dem zweiten Auge an dieser Stelle die erste Abnormität gesucht werden.

Wenn auch seltener, so kommt es doch vor, dass auf dem einen Auge zuerst die nasale, auf dem andern die temporale Seite erkrankt, und muss man sich in diesen Fällen vor einer Verwechselung mit Hemiopie hüten.

Die Hemiopieen treten plötzlich symmetrisch auf und überschreiten die Mittellinie nicht. Sie charakterisiren sich dadurch, dass die normale Partie sich scharf gegen den Defect abgrenzt, während bei progressiven Formen eine Partie mit beinträchtigter Sehschärfe dazwischen geschoben ist. Auch soll bei Hemiopie S nicht unter $1/3 - 1/4$ sinken.

Etwas anders ist das Verhältniss bei Läsion des Opticus im Verlauf durch eine von aussen einwirkende Ursache, z. B. bei temporaler Hemiopie. Aehnliche Fälle kommen auch einseitig vor. Hier hängt der Verlauf weniger von der Art der Gesichtsfeldbeschränkung, als von der zu Grunde liegenden Krankheit ab. Dahin gehört auch der Fall, wenn in kurzer Zeit ein Auge ganz erblindet, das andere noch Monate lang intact bleibt; man hat es vorläufig nur mit Lähmung eines Opticus zu thun.

————————

Nothwendigkeit einer genauen Prüfung der excentrischen Sehschärfe. Es stellte sich bald heraus, dass die einfache Messung der Aussengrenze nicht zur Feststellung der excentrischen Sehschärfe ausreicht. Selbst bei scheinbar normalem Gesichtsfelde kann Sc bedeutend herabgesetzt sein. In Fig. 2 S. 13 sei M der Mariottesche Fleck und MA die Ausdehnung des Gesichtsfeldes nach einer Richtung.

Es ist anzunehmen, dass S nach dem Centrum zu in einem bestimmten Verhältniss zunehme, vielleicht proportional der Entfernung. Die Intensität der Empfindung sei in A, dem äussersten Stäbchen nächst der ora serrata, x, in B sei sie $= a$. Es kann also J um eine Grösse fast gleich x herabgesetzt werden und doch wird das Gesichtsfeld keine Beschränkung zeigen.

Das Schwanken der physiologischen Verhältnisse bewegt sich nun zwischen so bedeutenden Grenzwerthen, dass 5^0, selbst 10^0 nicht berechtigen, auf eine Abnormität zu schliessen. Ein Gesichtsfeld mit einer Ausdehnung von 40^0 nach oben kann man noch nicht als abnorm bezeichnen, obgleich dasselbe, während das betreffende Auge gesund war, sich vielleicht bis 50^0 ausdehnte.

Bei scheinbar normalem Gesichtsfelde ($A\,B$ entspreche der in Rede stehenden Beschränkung um 10^0) könnte also $J\,Se$ (die Intensität der excentrischen Sehschärfe) erst bei R die Höhe x und bei G die Höhe a erreichen, d. h. Se kann um $2\,x$ gesunken sein, ehe wir dies aus dem Gesichtsfelde ersehen können. Wie gross x, d. h. die Empfindungsintensität in dem äussersten Stäbchen, zunächst der ora serrata ist, können wir nicht leicht bestimmen. Von gleichem Werthe wäre es aber für uns, wenn a bekannt wäre. Das Zurückweichen desselben von der Aussengrenze würde uns ebenso gut das Sinken von Se anzeigen, bevor eine Beschränkung des Allgemeingesichtsfeldes bemerkbar ist.

v. Graefe machte hierauf zuerst aufmerksam bei einem Falle von Glaukom. Von einem hin und her bewegten Stück Kreide hatte der Kranke die Empfindung ungefähr bis zur normalen Grenze des Gesichtsfeldes. Die Schwierigkeit im Orientiren, die derselbe jedoch hatte, führte zu genauerer Untersuchung der excentrischen Sehschärfe. Als ihm der Bogen mit den Punktreihen, der oben beschrieben ist, vorgelegt wurde, hatte der Patient in gewissen Richtungen gleichzeitig den Eindruck vieler excentrischer Punkte, während dieses nach anderen z. B. nach aussen und oben nicht der Fall war. Auf Aehnliches muss man bei der Netzhautablösung gefasst sein. Die Aussengrenzen werden bisweilen bei derselben nicht beeinflusst, während doch das excentrische Sehvermögen bedeutend herabgesetzt ist. Die Netzhautablösung wird also bei blosser Feststellung der Aussengrenzen in diesem Falle nicht gefunden.

Diese v. Graefe'sche Methode der Bestimmung der excentrischen Sehschärfe ist sehr wohl anwendbar. Andere suchten Irrthümern dadurch zu entgehen, dass sie bei herabgesetzter Beleuchtung untersuchten. Betrug die hierdurch erzielte Herabsetzung der Reizintensität ungefähr x, so musste jede Verminderung von Se sich sofort durch Einschränkung des Gesichtsfeldes kenntlich machen. Man hat zu diesem Zweck bei so weit herabgesetzter Beleuchtung zu untersuchen, dass für ein gesundes Auge die Ausdehnung des Gesichtsfeldes dieselbe ist wie bei Tagesbeleuchtung.

Weiter kann man sich über den Zustand der peripheren Sehschärfe Klarheit verschaffen, indem man den Patienten excentrisch Finger zählen lässt.

Leber hat auch versucht die excentrische Sehschärfe direct durch Schriftproben zu messen. Er benutzte dazu die Haken, welche Snellen für Lesens Unkundige angegeben hat. Dieselben wurden nach verschiedenen Richtungen gedreht und der Patient hatte anzugeben, auf welcher Seite die offene Stelle sich befand.

Nun ist Ungeübten die Beachtung der peripheren Netzhautbilder sehr schwierig, und durch Uebung wächst die periphere Sehschärfe, so dass die nach mehrfachen Versuchen endlich gewonnenen Resultate wieder für Ungeübte keine Gültigkeit haben. Wir werden darum, wie schon v. Graefe sagt, kaum jemals eine sichere anwendbare Norm für die excentrische Sehschärfe erhalten. Für Patienten bedarf man einer leicht anwendbaren nicht mühseligen Methode, die keine Uebung verlangt.

Benutzung der Farbengrenzen zu diesem Zweck. Eine solche Methode haben wir nun, wie ich dargethan zu haben glaube, in der Messung der Ausdehnung der Farbenempfindungen im Gesichtsfelde, in der Feststellung der Farbengrenzen. Die Farbenempfindung ist nämlich (s. oben) nicht gleichmässig über das ganze Gesichtsfeld vertheilt, sondern in concentrischen Bezirken, von denen der der Blauempfindung am weitesten in die Peripherie hinausreicht. Die engsten Grenzen hat die Grünempfindung, mittlere die Rothempfindung. Wie ich gezeigt habe, ist bei gleichbleibender Erregbarkeit der empfindenden Theile ein stärkerer Reiz nothwendig, um die Grünempfindung hervorzurufen, ein geringerer genügt für Roth, ein noch schwächerer für Blau. Andererseits ist bei gleichbleibendem Reiz die Erregbarkeit der Nerven-

theile, welche eben genügt, um die Blauempfindung entstehen zu
lassen, nicht hinreichend für die Grünempfindung. Kurz die
Empfindungsintensitäten sind für die Farben verschieden, bei abnehmender excentrischer Sehschärfe oder bei abnehmender Reizstärke wird die von Grün eher unter die Schwelle sinken als die
von Roth und Blau.

Was ich soeben vorgetragen habe, glaube ich durch meine
Arbeit [1]) bewiesen. Uebrigens wird weiter unten sich die Begründung
ebenfalls ergeben.

Wie aus der weiteren Entwicklung hervorgehen wird, ist anzunehmen, dass die farbenempfindenden Elemente in derselben
Weise von sämmtlichen krankhaften Processen betroffen werden,
wie die raumempfindenden. Die Wahrscheinlichkeit dieser Annahme a priori wird mir wohl zugegeben werden.. Man muss also
auch aus der Abnahme der Farbenperception in der Peripherie
auf die Abnahme des peripherischen Sehvermögens überhaupt
schliessen können. Dadurch, dass die einzelnen Farbenempfindungen wegen ungleicher Höhe der Schwelle und der Empfindungsintensität verschieden durch Verminderung des Reizes oder der
Erregbarkeit betroffen werden, können wir eine Reihe von Stufen
aufstellen. Hierfür eignen sich vortrefflich Grün, Roth und Blau,
die auch empfohlen sind durch die Anknüpfungspunkte mit der
physiologischen Theorie. Gelb, Violett sind weniger passend.

Fig. 1.

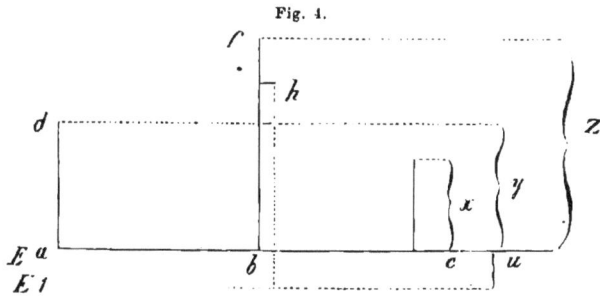

ad sei die Reizintensität, nöthig, um die Rothempfindung
hervorzurufen, bf die Grün-, cg die Blauempfindung. Wenn die
Reizgrösse nur die Höhe ad erreicht, wird nur die Roth- und
Blauempfindung erregt. Nimmt man umgekehrt die Reizgrösse z

1) a a. O.

constant an, die Erregbarkeit als veränderlich; sei z. B. die Erregbarkeit E um u gesunken, so wird der Reiz Z nur eine Erregung bewirken, die sich zu der normal diesem Reiz antwortenden verhält, wie bh zu bf. Die grünempfindenden Fasern werden nicht mehr gereizt.

Im normalen Gesichtsfelde wird also jenseits der Grüngrenze die Erregbarkeit $< z$, jenseits der Rothgrenze $< y$, jenseits der Blaugrenze $< x$ sein. Wir haben hiermit eine Reihe Werthe, die uns den Stand der Sehschärfe in einem bestimmten Bezirke des Gesichtsfeldes repräsentiren. Welche durch räumliche Objecte ausgedrückte Grösse denselben entspricht, wird sich schwierig feststellen lassen.

Jedenfalls ist da, wo sämmtliche Farben in der Peripherie leicht erkannt werden, keine Herabsetzung von Sc anzunehmen.

Wir haben in diesen Farbengrenzen die gewünschte Grösse a (siehe S. 19) und sogar mehrere Stufen derselben.

Z. B. entspräche in Fig. 2 a der Blau-, b der Roth-, c der Grüngrenze, so würden, sowie x sinkt — die Aussengrenze zeigt noch keine Veränderung —, diese Werthe a, b, c sich weiter von der Peripherie entfernen. Wir haben also in der Farbenmessung ein bequemes Mass für Sc, dessen wesentlicher Vortheil ausserdem ist, eine genaue Aufzeichnung in Schemata zuzulassen.

So schematisch und concentrisch, wie oben angenommen, erfolgt in Wirklichkeit die Herabsetzung der peripheren Sehschärfe allerdings nicht, doch erhalten wir auf diese Weise eine klare Anschauung des Processes.

v. Graefe glaubte die Hoffnung nicht hegen zu dürfen, dass die Messung der Farbenempfindung noch einmal nützlich werden könnte. Wenn Leber sagt, als Prodromalstadium trete die Farbenblindheit selten auf und sei ihr daher kein Gewicht zuzuschreiben, so ist zu erwidern, dass Farbenblindheit im ganzen Gesichtsfelde uns allerdings nicht plötzlich entgegentreten kann, häufig dagegen beobachtet man, wie nach obigen Ausführungen natürlich erscheint, Defecte der Farbenempfindung in der Peripherie als eine der ersten Erscheinungen. Zu der centralen Sehschärfe steht die erworbene Farbenblindheit in keinem bestimmten proportionalen Verhältnisse, wohl aber zu der excentrischen. Und daher glaube ich, dass die Feststellung der Farbenempfindung nicht ohne grossen Werth für Diagnose und Prognose ist.

Wenn wir mit farbigen Blättchen untersuchen, so untersuchen wir mit Reizen von verschiedener Intensität. Roth und Grün wirken viel weniger energisch auf die Netzhaut als Weiss und Blau und kommt eine Untersuchung mit denselben einer Untersuchung bei herabgesetzter Beleuchtung gleich.

Sehen wir zunächst, wie sich der Verlauf einer progressiven Atrophie und einer Atrophie nach Neuritis in dem Gesichtsfelde, in dem Verhalten der excentrischen Sehschärfe ausspricht. Beide Krankheiten verhalten sich in dieser Hinsicht völlig gleich. *Progressive Atrophie und Atrophie nach Neuritis.*

Das erste Symptom ist ein Zurückziehen der Farbengrenzen von der Aussengrenze, die relativ farbenblinde Zone verbreitert sich. Darauf stellt sich eine Einschränkung für Grün ein, die Grenze desselben entfernt sich von der rothen. Meistens ist die Einschränkung nach einer Richtung deutlicher ausgesprochen.

Beim Fortschreiten der Krankheit wird zunächst das Erkennen von Grün schwierig, darauf in einer Richtung, schliesslich überhaupt unmöglich. Grün wird dann als Grau oder Gelb bezeichnet.

Die nächste Stufe der Atrophie wird dadurch markirt, dass auch Roth und Gelb nicht mehr erkannt werden; nur Blau wird noch richtig bezeichnet, alles Uebrige als Gelb oder Grau. Violett wird als Dunkelblau unterschieden, Roth gewöhnlich als Schwarz bezeichnet. Endlich fällt auch dieses letzte Bollwerk, der Kranke erkennt auch Blau nicht mehr, die vollständige Farbenblindheit ist eingetreten.

Zur Illustration mögen folgende Fälle dienen, deren Gesichtsfelder gleichfalls beigefügt sind. [1]

Im ersten Falle ist R. S. noch 1, L. nur $^{1}/_{10}$. L. wird Grün nicht erkannt, erscheint gleich Gelb. Beide werden als Graulich bezeichnet. Roth wird noch richtig benannt, soll jedoch auch nicht sehr verschieden von Grün, Gelb und Grau aussehen.

Der zweite zeigte Sehschärfe auf Finger in 7 Fuss (auf dem andern Auge nur Lichtschein) reducirt, ophthalmoskopisch Atrophia optici nach Neuritis, im Gesichtsfelde nur noch Blauempfindung.

---

1) Die deutschen Zahlen bezeichnen die Krankengeschichten, die römischen die Nummern, welche die zugehörigen Gesichtsfelder auf den Tafeln tragen.

Vollständig, und wahrscheinlich schon seit längerer Zeit, erloschen ist die Farbenempfindung bei einem Tabetiker, dessen
L. Auge das folgende Schema angehört, das R. Auge ist noch
schlechter.

Nr. 1, II. Fr. W., 63 J. 23/V. 73. Seit circa 4 Wochen wurde Ab-
nahme des linken Auges bemerkt. R. H $\frac{1}{30}$, S $\frac{5}{6}$ — 1, Pr. $\frac{1}{14}$ — H.
L. H. $\frac{1}{30}$, S. $\frac{1}{10}$. Bdsts. sehr enge Pupillen, die rechte liegend oval.
Bulbi nicht hart. Ophth. Bdsts. Papillen sehr blass. R. grosse centrale,
L. vollkommen randständige, jedoch flache Excavation. Im Spectroskop werden grün und gelb nicht erkannt und diese Stellen
als dunkel bezeichnet.

Nr. 2, I. Sch. 54, 18/V. Vor 3 Jahren begann das L. Auge abzunehmen; mit dem R. vermochte Pat. nur noch Scheiben und Rahmen der
Fenster zu erkennen. Es wurde Quecksilber eingerieben. Schanker
war früher vorhanden, doch nie etwas Secundäres.

Das R. Bein beginnt zu lähmen, Ameisenkriechen, „korkhafte"
Fusssohlen sind vorhanden. Die Haut ist trockner geworden. Er
raucht und trinkt wenig. Erkältungen, anstrengende Arbeiten und
Aerger werden als Ursachen angesehen. Patient schwankt nicht bei
geschlossenen Augen und Füssen.

L. Finger in 7 Fuss. R. Lichtschein. R. Pupille weiter als L.
Patient sieht L. im Spectroskop nur einen gelben Flecken
mit blau am Rande. Ophth. Atrophie nach Neuritis.

Nr. 3, IV. A. 58. Seit Herbst 71 starke Abnahme beider Augen.
Patient raucht und trinkt nicht, dagegen hat er bedeutende Excesse in
venere geleistet, er schwankt stark bei geschlossenen Augen. Früher
hatte er häufig Zuckungen in den Extremitäten, jetzt zittern dieselben
sowie der Kopf sehr stark. Patient hat Ameisenkriechen und Gefühl
von Taubsein in Händen und Füssen.

Bdsts. Finger in 12 Fuss. Pupillen colossal eng. Ophth. Graue
Atrophie beider Optici, sehr enge Gefässe.
Keine Farben mehr unterschieden.

Nr. 4, III. B., Kaufm., 65 J. 16/IV. Der Kranke hatte in den letzten
Jahren viele geschäftliche Sorgen und häusliches Unglück. Seit einem
Vierteljahre spürte er Abnahme der Kräfte und gleichzeitig Sinken der
Sehschärfe. Alopecie.

R. M. $\frac{1}{24}$, S. $\frac{1}{7}$. L. Finger in 8 Fuss.
L. wird keine Farbe, R. nur blau erkannt. Rasch progre-
dirende Atrophie.

8 XI. Bdsts. concentrische Beschränkung der Aussengrenze mit
einzelnen scharfwinkligen Einziehungen. Es werden **keine** Farben
mehr erkannt.

Das Gesichtsfeld III, zu der vorausgehenden Krankengeschichte
gehörig, ist darum interessant, weil kurze Zeit vor der Aufnahme
desselben auf dem R. Auge noch Blau erkannt wurde, während jetzt

bei noch sehr weiten Aussengrenzen die Farbenempfindung völlig erloschen ist. Wenn progressive Atrophie zu einer so grossen Verengerung des Allgemeingesichtsfeldes, wie das L. Auge des in Rede stehenden Falles zeigt, geführt hat, habe ich nie eine Spur von Farbenempfindung nachweisen können. Bei Atrophie nach Neuritis trifft man engere Aussengrenzen an, während die Blauempfindung noch besteht (z. B. Nr. 2. I), namentlich ist dies der Fall, wenn an der Papille noch Zeichen der Entzündung sichtbar sind.

Die Entwicklung dieser Gesichtsfeldanomalieen steht in genauem und klarem Zusammenhange mit dem Wesen des zu Grunde liegenden Processes und lässt sich leicht aus demselben ableiten.

Zur weiteren Illustration theile ich noch eine Reihe Fälle mit, in welchen die Entwicklung der Farbenblindheit sich auf ihren verschiedenen Stufen, die sie im Verlauf der Amaurose durchläuft, darstellt.

Die Fälle (3, IV), (4, III) sind völlig, 9 auf einem Auge farbenblind.

Im Falle (2, I), (5, V), 6, (7, α)[1] ist nur noch Blauempfindung erhalten, in 11 sehen wir diesen Zustand während der Beobachtung eintreten.

Im Falle (1, II) und 8 fehlt Grün allein auf beiden Augen, ebenso in 11, in (10, β) auf einem Auge; im Falle 9 und 10 auf dem anderen Auge nach einzelnen Richtungen.

Das Gesichtsfeld von Fall (13, VII) zeigt R. sehr grosse concentrische Beschränkung für Grün, so dass es im Fixirpunkte nicht erkannt wird, L. ist ebenfalls starke Beschränkung für Grün. Beiderseits ist Roth bedeutend eingeschränkt und tritt weit von der Aussengrenze zurück, während alle Farben, wenn der Fall wegen der temporalen Beschränkung der Aussengrenze als Hemiopie aufgefasst werden sollte, mit der Aussengrenze zusammenfallen müssten.

Fall (14, VI) endlich zeigt nur Einziehung für Grün nach aussen oben und wäre man, falls nicht andere Symptome vorlägen, kaum berechtigt hieraus Schlüsse zu ziehen.

Fall 12 zeigt das Verhalten, welches ich später noch erwähnen werde, dass nämlich eine Farbe an einem Tage nicht erkannt, am andern wieder ohne Zögern benannt wurde.

---

1) Die griechischen Buchstaben weisen auf die in den Text gedruckten Schemata.

Verengungen der Farbengrenzen sind ausserdem in 10, 11, 12 notirt.

Nr. 5, V. Fr. Fr., 23 J. 9/X. Patientin hatte schon früher viel Kopfschmerzen, weshalb sie aus der Pension einmal nach Hause genommen wurde. Vor 3 Jahren unglückliche Heirath. Der Mann, Verschwender, beging einen Selbstmord im Zustande von Geistesstörung; ein gesundes zweijähriges Kind ist vorhanden. Vor einem Jahre that Pat. einen Sturz, ohne dabei das Bewusstsein zu verlieren.

Seitdem wurde Aenderung in ihrem ganzen Wesen bemerkt, die Geistesfähigkeiten nahmen ab. Abnahme der Augen wurde zuerst an der Farbenblindheit bemerkt.

Immer kalte Füsse. Stuhlgang regelmässig, ebenso jetzt wieder die Menses. Kopfschmerzen verschwunden, Glieder bisweilen eingeschlafen; Gang nicht schwankend, kein Herzklopfen; rechte Wange heiss, linke kalt. Strab. diverg. oc. sinistr.

R. E. S. $^1/_3$. L. Handbewegungen. L. keine Farben erkannt. R. von den Pigmentfarben: nur Grün nicht. Hellroth als Dunkelroth bezeichnet. Im Spectroskop Gelb-Weiss-Blau. In der Entfernung des Perimeterradius wird nur Blau erkannt. Ophth. Atrophia optic. in utroque. Seichte Excavation. Keine Zeichen von Neuritis.

Nr. 6. D., 42 J. Patient litt 66 an einer Myelitis mit Lähmung beider unteren Extremitäten, welche drei Monate anhielt. Auch jetzt noch ist Schwäche darin zurückgeblieben. Die Abnahme der Augen wurde Mitte Juli bemerkt. Patient schlief immer gut, trank nie viel, rauchte 10 bis 12 Cigarren täglich. Keine Verdauungs-Störungen. L. E. S. $^1/_4$, R. S. $^1/_{20}$. Gläser bessern nicht.

Das Gesichtsfeld (an der Tafel gemessen, von welcher das Auge einen Fuss entfernt ist, die Zahlen geben die Entfernung vom Fixirpunkte in Zollen an) hatte folgende Ausdehnung:

	L.		R.	
	Weiss	Blau	Weiss	Blau
O.	$4^1/_2$	3	7	$^1/_2$
A.	$14^1/_2$	4	13	8
U.	9	7	11	4
I.	15	9	12	3

Beiderseits wird Roth, Gelb, Grün nicht erkannt, nur die Blauempfindung ist erhalten.

Optici sehr blass, unregelmässig contourirt. Gefässe nicht weit.

No. 7. 3/IX. 53. B. Seit 3 Jahren allmälige Abnahme der Augen, zuerst R., seit Anfang vorigen Jahres auch L. mit heftigen Kopfschmerzen, die anstrengenden Bureauarbeiten zugeschrieben wurden.

Vater apoplectisch, Mutter paralytisch gestorben. Viel kalte Füsse. nie syphilitisch.

R. Gesichtshälfte im Juli 71 gelähmt. L. E. S. $^1/_4$—$^1/_2$. R. vollkommene Amaurose, Pupillen weit und starr. R. Auge divergent. L. nur Blau erkannt, Roth als Gelb, Grün als Grau bezeichnet.

Sensibilität beider Körperhälften gleich; keine Anaesthesie an Fingern und Füssen. L. oberes Lid etwas tiefer als R., ebenso der Bulbus.

Optici atrophisch. Gefässe entschieden noch geschlängelt, in der Umgebung der Papille noch etwas Choroidealatrophie, also wahrscheinlich Neuritis vorausgegangen. (Siehe Schema α.)

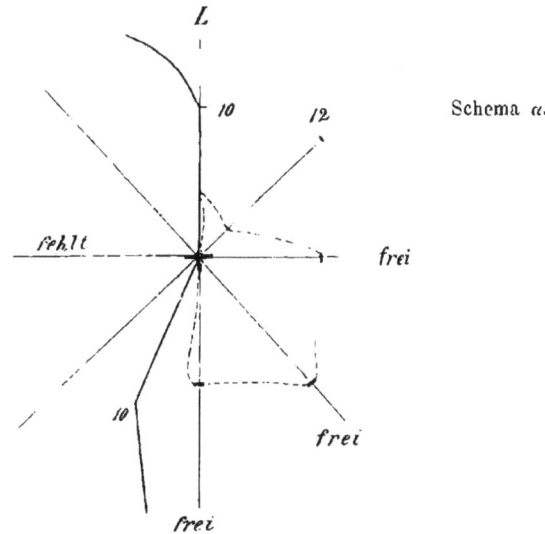

An der Tafel gemessen, vergl. bei Nr. 6, innerhalb der gestrichelten Linie wird noch Blau erkannt.

Nr. 8. M., Landwirth, 76 J. 30/VIII. Seit ca. einem Jahre wurde Abnahme der Augen bemerkt. Seit 4 Wochen kann Patient nicht mehr lesen. Er klagt über Nebel vor den Augen, litt schon früher an Tremor, der — namentlich in der rechten Hand — seit dem Sommer bedeutend zugenommen hat. Schnupft stark, trinkt wenig, raucht gar nicht.

R. S. $\frac{1}{20}$; L. Finger in 8 Fuss. Gläser bessern nicht.

Beide Pupillen weit und starr. Aeusseres Gesichtsfeld beiderseits normal. Grün wird nicht erkannt, sonst keine Farbenanomalieen. R. Atrophie der Retina und Chorioidea. L. Opticus trüb, grau.

Nr. 9. B., 71 J. 29/V. Patient litt 53 an Gicht, dann an einer rheumatischen Entzündung beider Augen, bei welcher er völlig blind war. Es finden sich Reste alter Iritis auf beiden Augen, besonders L. zahlreiche Synechien.

R. E. S. $\frac{1}{3}$ bis $\frac{1}{2}$. L. M. $\frac{1}{60}$; S. $\frac{1}{3}$. Ophthalmoskopisch beiderseits nur seniler blasser Opticus.

26 VII. Bdsts. E. S. $\frac{1}{3}$.

L. Opticus sehr viel blasser als R.

L. keine Farben erkannt. R. fehlt Grün nach oben und unten.

Das Gesichtsfeld L. beschränkt, R. normal.

Nr. 10. G., 65 J. Im August fingen die Augen an abzunehmen Patient litt häufig au eiskalten Füssen, musste Nachts viel uriniren. Der Schlaf war gut, etwas träumerisch. Patient trinkt viel Wein, raucht gar nicht, hat dagegen eine junge Frau, welchen Umstand er selbst zum Theil als Ursache seiner Krankheit ansieht. Kein Eiweiss im Urin.

R. M. $\frac{1}{36}$, S. $\frac{1}{2}$ bis $\frac{2}{3}$. L. Finger iu 6 Fuss.

Beide Optici grauweiss, trüb, nicht excavirt.

Gesichtsfeld:

	L.	R.
O.	2	$3\frac{1}{2}$
A.	12	12
U.	6	10
I.	8	12

(an der Tafel gemessen, siehe oben).

L. Grün nicht erkannt, Blau und Roth an einzelnen Stellen. (Siehe Schema β.)

Schema β.

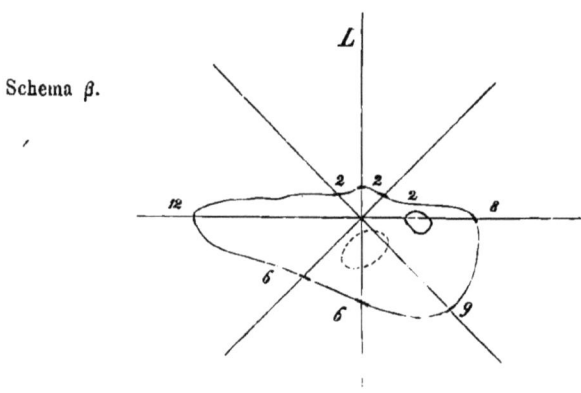

Wie oben, im gestrichelten Kreise wird noch Blau, im angezogenen noch Blau und Roth erkannt.

R. fehlt Grün nach O. und A. Prognose schlecht.

24/1. 73. Seit einigen Tagen L. völlige Erblindung. Ophthalmoskopisch totale Atrophie.

Nr. 11. L., 33 J. 1/IX. Patient leidet seit mehr als einem Jahre an chronischer Diarrhöe und Magenkatarrh. Vor 16 Monaten trat allmälige Abnahme des rechten Auges ein, gleichzeitig mit Icterus. Kein Kopfschmerz. Schlaf gut. Der Kranke ist in hohem Grade Potator.

Strabismus convergens alterans besteht von jeher.

L. H. $\frac{1}{36}$, S. $\frac{1}{3}$, R. M. ca. $\frac{1}{36}$, S. $\frac{1}{7}$ bis $\frac{1}{5}$.

Grün wird als Weiss bezeichnet, die übrigen Farben sind in ihren Grenzen beschränkt, werden aber richtig erkannt. Aussengrenzen ziemlich normal.

Beiderseits zeigen die Papillen aussen beginnende Atrophie und seichte Excavation.

14/II. 72. Im Januar war Patient fieberhaft erkrankt mit Delirien und Leberschmerzen. (Pleuritis und Delirium tremens.) Jetzt ist Appetit und Verdanung gut. Die Sehschärfe hat dagegen bedeutend abgenommen. L. S. $\frac{1}{20}$, R. Finger in 7 Fuss. L. centrales Scotom. Gesichtsfeld beiderseits nach aussen sehr beschränkt. Blau wird in grösserer Ausdehnung erkannt. L. erscheinen alle anderen Farben Weisslich, R. wird Roth noch an einer Stelle erkannt.

Nr. 12. M., Locomotivführer, 40 J. 10/XII. Vor drei Wochen fiel dem Patienten ein centnerschweres Wasserrohr auf das rechte Scheitelbein — wovon eine $1\frac{1}{2}$ " lange Narbe herrührt. Seitdem Schmerz um das R. Auge herum und Abnahme der Sehkraft auf demselben.

L. H. $\frac{1}{42}$. S. 1, R. H. $\frac{1}{24}$, S. $\frac{1}{4}$ bis $\frac{1}{3}$.

Linke Sehnervenpapille atrophisch, Grenze des Opticus nach oben und unten etwas verwischt, Lamina cribrosa auf. dem grösseren Theil der Papille sichtbar.

31/III. Zeitweise Kopfschmerz.

L. H. $\frac{1}{42}$, S. 1, R Finger in 7 Fuss.

R. vollkommene Atrophie in Folge intracranieller Quetschung. L. Opticus blassgrau.

	L.	R.
O.	6	$1'_2$
A.	frei	5
U.	frei	1
I.	5	1

(an der Tafel gemessen, siehe oben.)

20/X. R. Amaurose.

L. Grün überall als Weiss bezeichnet.

14/XI. L. in der Peripherie nur Blau. Im Centrum **wieder** **alle** Farben erkannt.

Später ist vollständige Blindheit eingetreten.

Nr. 13, VII. Pyr. 41 J. 28/III. Vor 10 Jahren syphilitisch, seitdem keine Manifestationen. Sehr schlechte Verdanung. Quecksilber, Hydrotherapie, Electricität, Strychnin wurden schon gebraucht, ebenso Eisen und Chinin.

L. S. $\frac{1}{20}$, R. mit der äusseren Retina: Finger in 3 Fuss.

Beide Pupillen weit und starr. Im Spectroskop nur ein heller Punkt, dagegen werden alle Pigmentfarben gesehen. Ophth. Atrophia post. neuritidem in Entwicklung, deutliche Verdickung der Gefässwände und deutliche Trübung der Retina. . Das Gesichtsfeld zeigt beiderseits starke Einziehung der Aussengrenze temporalwärts, so dass man fast dem Gedanken an eine temporale Hemiopie Raum geben könnte. Die Farben sind von der Aussengrenze sehr retrahirt, im R. Auge Grün so sehr, dass es im Fixirpunkt nicht gesehen wird. Man kann hier also von einem centralen Scotom für Grün reden.

Nr. 14, VI. K., 32 J. 27/IX. Hat viel geraucht und getrunken, hatte Tripper und mehrere Male Schanker, doch keine secundären Symptome. Vor langen Jahren fand eine Contusion des Auges, noch früher eine Schädelverletzung statt, die ein Vierteljahr Krankenlager bedingte. Kein Schwanken bei geschlossenen Augen und Füssen. Patient klagt viel über Schwäche in beiden Beinen und der R. Hand. Auch das Gehör soll abgenommen haben.

Gekreuzte Dipopie mit Tiefstand des Bildes des L. Auges.

L. E. S. 1. R. S. $\frac{1}{4}$—$\frac{1}{3}$.

Ophth. R. äussere Opticushälfte blass. Durch Strychnin kam man auf S. R. $\frac{1}{3}$.

Auf diese Fälle werde ich zurückkommen, um den Unterschied der gutartigen Amblyopieen von den progressiven auseinanderzusetzen.

Bei 6 auf dem R. Auge, bei 8 auf beiden, bei 9 R., bei 11 auf beiden, bei (14, VI) auf beiden Augen waren die Aussengrenzen normal und wäre dieser Vermerk in die Protokolle eingetragen worden, wenn die Farbenmessung uns nicht beträchtliche Abnormitäten hätte entdecken lassen.

Dass die Prognose für alle diese Fälle schlecht ist, lehrt uns in (4, III), 10, 11, 12 der Verlauf vor unseren Augen, in (2, I), 6, 9 (7, α) zeigt das eine Auge, was auch für das andere zu erwarten steht, in (1, II) und 8 lässt die Krankengeschichte auch keine gute Vorhersage zu.

Einen sehr instructiven Fall hatte ich in jüngster Zeit Gelegenheit zu beobachten.

Nr. 15. Aus der Anamnese ergab sich nur, dass Patient, ein rüstiger Mann von 44 Jahren, vor einigen Wochen einen Sturz erlitten hatte, wobei er mit dem Kopfe gegen eine Mauer geschlagen war. Er klagte über Abnahme der Augen und über Abnahme der Farbenempfindung. Alles erschien ihm grau. Es waren keine Kopfschmerzen, kein Schwindel, kein Schwanken bei geschlossenen Augen vorhanden. Die Pupillen waren sehr eng. Ophthalmoskopisch fanden sich blasse, doch nicht atrophische Optici. Die Sehschärfe betrug beiderseits vollkommen 1. Die Aussengrenzen des Gesichtsfeldes waren normal. 50° nach oben, 65° nach den übrigen Seiten. Das Sehvermögen mochte früher höher gewesen sein. Der objective Befund hätte also nicht viel ergeben, wenn nicht die Farbengrenzen bedeutend reducirt gewesen wären. Blau reichte bis 30° im Durchschnitt, Roth war auf die nächste Umgebung, Grün ganz auf den Fixationspunkt beschränkt. Die Prognose wurde ungünstig gestellt und die bald eintretende rapide Abnahme des Sehvermögens bestätigte die Richtigkeit derselben.

Also: Fehlen einer Farbe, und zwar des Grün (für längere Zeit, bei wiederholten Untersuchungen) und Beschränkung der Farbengrenzen giebt schlechte Prognose, bedingt die Annahme von progressivem Verlauf. Die centrale Sehschärfe sehen wir in mehreren Fällen noch in gutem Stande und kann sie uns, was die Prognose betrifft, nicht dienlich sein.

Dass der Verlauf der Farbenstörungen wirklich sich so abspielt, wie er oben dargestellt ist, und sich in den mitgetheilten Gesichtsfeldern repräsentirt, ist jetzt als gesicherte Thatsache zu betrachten.

Schon Leber[1]) fiel auf, dass bei den geringeren Graden der Farbenstörung unter den Körperfarben in der Regel nur Grün falsch bezeichnet und für Gelblich, Weisslich oder Graulich gehalten wurde, während Roth und die übrigen Farben richtig erschienen.

Das Gleiche hatte Galezowski[2]) ausgesprochen. Ich selbst kam zu demselben Schluss. Auch Schirmer[3]) war zu denselben Resultaten gelangt. Schirmer und ich stellten endlich als wahrscheinlich hin, dass sämmtliche Fälle von Farbenstörung in Folge von Atrophie ein erstes Stadium durchmachen, in welchem nur die grünen Farbentöne nicht erkannt werden.

Leber glaubte sich zwischen Roth- und Grünblindheit entscheiden zu müssen, und da man bisher immer Daltonismus bei Atrophie beschrieben hatte, so zögerte er, sich für anfängliche Grünblindheit zu entscheiden und neigte dazu, das frühere Auftreten der letzteren Nebenumständen z. B. geringerer Sättigung der grünen Farbenmuster zuzuschreiben. Gleichzeitiges Auftreten wäre natürlich durch Lähmung jeder einzelnen Fasergattung zu erklären gewesen, da beiden Arten der Farbenblindheit Irrthümer in Bezug auf Grün zukommen. Meiner Ansicht nach kann bei der Atrophie überhaupt nicht von Blindheit einer Fasergattung die Rede sein.

---

1) Archiv f. O. XV. 3, S. 46.

2) Galezowsky, Annales d'Oculistique T. LXV. Liv. 5.

3) Briesewitz, Dissertation über das Farbensehen. Greifswald. 1872. — Berlin. Klin. Wochenschrift 73, Nr. 5.

Jedenfalls empfiehlt es sich vorläufig, eine genaue Feststellung der Symptomatologie zu erstreben und von einem Zusammenwerfen pathologischer und physiologischer Verhältnisse abzustehen.

Unter Lebers   36 Fällen sind 3
unter Schirmers   6 „ „ 2
unter den von mir mitgetheilten „ „ 7,
in welchen nur Grün nicht erkannt wurde.

Ausserdem habe ich mehrere Fälle angeführt, wo das Gesichtsfeld nur für Grün beschränkt war und werde noch Gelegenheit haben, Fälle von gänzlicher, aber nicht andauernder Grünunempfindlichkeit mitzutheilen.

Endlich, überall wo Roth fehlt, fehlt auch Grün, dagegen wo Grün fehlt, nicht immer auch Roth.

Bei der Mehrzahl der Fälle von Atrophie wird allerdings nur noch Empfindlichkeit für die blauen Töne gefunden, auch das Roth ist geschwunden — II. Stadium — und man muss annehmen, dass das I. Stadium bedeutend rascher durchschritten wird als das II.

Im zweiten Stadium wird den blauen und violetten Tönen, die als Blau zusammengefasst wurden, ein Gelb gegenübergestellt und darunter das ganze übrige Spectrum verstanden. Nur das äusserste Roth erscheint dunkel. Es gilt dies sowohl für Pigmentfarben wie für Spectralfarben und hat zu der Gleichstellung in der Auffassung mit dem angeborenen Daltonismus geführt. Das Unthunliche dieser Zusammenstellung habe ich schon öfter [1]) berührt und komme unten noch darauf zurück. Es beruht darin, dass sämmtliche Farbenempfindungen um eine gleiche Quote bei der Atrophie herabgesetzt werden und die Empfindung für Blau nur länger erhalten bleibt, weil ihre ursprüngliche Intensität grösser war.

Hier befinde ich mich im Widerspruch mit den in der Dissertation von Briesewitz ausgesprochenen Ansichten. Nach diesen war weder im ersten Stadium ein Mangel im Erkennen von Roth und Blau, noch im zweiten eine Beeinträchtigung im Empfinden von Gelb vorhanden und der Verfasser wendet diese Befunde gegen die Young-Helmholtze'sche Theorie, den ersten

---

1) a. a. O. und oben.

gegen die Grünblindheit, den zweiten gegen die Rothblindheit, letzteres mit Unrecht, da ja auch angeborene Daltonisten die Farbe nicht Grün, sondern Gelb nennen.

Ich muss jedoch die Richtigkeit der Thatsachen bestreiten. In keinem Falle mit aufgehobener Grünempfindung ist die Rothempfindung (siehe oben) vollkommen ungeschwächt, in keinem Falle von allein restirender Blauempfindung, diese so deutlich wie vordem.

Auch, dass Gelb gegen Ende des II. Stadiums richtig erkannt werde, kann ich nicht gelten lassen. Es wird allerdings oft richtig mit der Bezeichnung getroffen, aber auch jede andere helle Farbe wird gelb genannt und von diesem selbst nicht unterschieden. Ich habe Patienten untersucht, welche die Reihenfolge der Farben im Spectroskop als Roth, Weisslich, Blau angaben, den schmalen aber intensiven Streifen Gelb, auch darauf hin gefragt, völlig vernachlässigten, später dagegen bei einer zweiten Untersuchung, nachdem der Process fortgeschritten war, nur Gelb und Blau sahen.

Noch viel weniger kann ich zugeben, dass die Gelbempfindung die von Blau überdauere und steht hier Galezowsky mit seiner Ansicht gänzlich allein. Leber's und Schirmer's Fälle wie die meinigen, zeigen Blau immer als die letzte Farbe.

Nach Galezowsky sind die Fälle absoluter Farbenblindheit selten; allerdings wird, sobald dieselbe eingetreten ist, die absolute Amaurose mit dunklem Vorhange bald das ganze Schauspiel decken und darum die beobachtete Zahl eine geringere sein, doch ist sie auch nicht so ganz klein; s. die Fälle 3, 4, 9.

Jedenfalls sind wir dazu berechtigt, den Satz Leber's, „dass Farbenblindheit ein fast constantes Symptom der Sehnervenatrophie sei" dahin zu amendiren: „Die Farbenblindheit ist eine nothwendige Begleiterscheinung derselben und muss sich allmälig von der partiellen zur totalen entwickeln, falls nicht ein zu rascher Verlauf die Beobachtung vereitelt."

Beantworten wir uns jetzt die Frage: „Wie haben wir uns diesen Verlauf in der Farbenempfindung mit schliesslicher Farbenblindheit zu erklären?"

Man hat vielfach in der Atrophia nervi optici einen mit der angeborenen Farbenblindheit vergleichbaren Zustand erblickt,

Theorie der Farbenstörung bei der Atrophie.

namentlich hat man von Daltonismus bei Atrophie gesprochen und hat die fehlende Grundfarbe auf alle möglichen Weisen zu ermitteln gesucht. Ein solcher Zustand liesse sich natürlich nur durch die Annahme erklären, dass, wie bei angeborener Farbenblindheit die nervösen Elemente für eine Farbe und zwar meistens für die Rothempfindung mangeln oder nicht functioniren, so hier der pathologische Process nur auf eine Art der empfindenden Theile gewirkt habe, also z. B. auf die grün- oder auf die rothempfindenden, während er die blauempfindenden verschonte.

A priori ist diese Ansicht sehr unwahrscheinlich. Die anatomische Erklärung müsste eine sehr gezwungene sein. Die specifische Energie ruht doch gewiss auch hier in den Endorganen und man müsste eine isolirte Erkrankung einzelner Zapfen —, resp. Stäbchenarten annehmen, um obiger Ansicht genügen zu können. Dies ginge vielleicht noch an bei der Atrophia progressiva, obgleich auch hier der Verlauf allem Anschein nach descendirend ist.

Unüberwindliche Hindernisse treten uns aber entgegen in der Atrophia post neuritidem, bei welcher die Farbenverhältnisse dieselben sind, wie bei der progressiven. Aller Wahrscheinlichkeit nach ist hier der Nervenschwund dem Drucke zuzuschreiben, welchen die Fasern durch das narbig sich zusammenziehende Bindegewebe an der Papille, der Lamina cribrosa u. s. w. erfahren. Wie hier nur die, eine bestimmte Farbenempfindung vermittelnden Fasern betroffen werden sollen, ist mir unerklärlich.

Ich glaube, dass den Thatsachen auf folgende Weise mehr Rechnung getragen wird.

Von den Krankheiten, mit denen wir uns beschäftigt haben, wirkt keine specifisch auf irgend eine Farbenempfindung. Die Affection der farbenempfindenden Elemente ist völlig analog der der raumempfindenden. Ist für die letzteren die excentrische Sehschärfe herabgesetzt, so wird auch die Farbenempfindung es sein. Welchem Grade der Herabsetzung des excentrischen Sehens das Verschwinden einer Farbe in der Peripherie entspricht, wird sich kaum feststellen lassen. In dem Stadium z. B., in welchem nur noch Blau in der Peripherie empfunden wird, dürfte vielleicht $Se = \frac{1}{40}$ sein.

Der Umstand darf nicht irrig machen, dass öfter die centrale Sehschärfe im Vergleich zum Stande der Farbenempfindung noch relativ hoch erscheint. Für die Farbenempfindung ist wahrscheinlich die Macula lutea weder congenital so bevorzugt, noch später so vorwiegend erzogen wie für die Raumempfindung.

Letztere hat dadurch einen grossen Vorsprung, welcher aber oft, vielleicht durch Trübung des Corpus vitreum oder der Netzhaut und andere Umstände, verloren geht.

Die progressive Atrophie ist von vornherein ein allgemeines Nervenleiden, der Nervensubstanz selbst inhaerent resp. doch zwischen den feinsten Theilen derselben ihre Ursache habend, und sämmtliche Opticusfasern sind ziemlich gleichmässig ergriffen. Ebenso gleichmässig leiden alle Fasern bei der Atrophie nach Neuritis durch den Druck, den das vernarbende Bindegewebe an der Papille auf sie ausübt.

Durch beide Processe wird die Erregbarkeit der Fasern herabgesetzt, bei allen um eine gleiche Quote und dem entsprechend sinkt Farbenempfindung, excentrische und centrale Sehschärfe und nur die letzte nicht in ganz bestimmtem Verhältniss. Bei einer Herabsetzung um x wird nur eine Beschränkung der der höchsten Erregbarkeit bedürfenden Grünempfindung eintreten, bei $x + y$ auch die Rothgrenze sich verengen und die äussersten Stäbchen nicht mehr erregt und dadurch Einschränkung der Aussengrenze bedingt werden. Dann wird Grün gänzlich verschwinden, Roth und Blau ihm unter fortschreitender concentrischer Verkleinerung des Allgemeingesichtsfeldes in Intervallen folgen.

Zu dieser Erklärung genügt die Annahme, dass ein Reiz von geringerer Intensität noch hinreicht, um die Blauempfindung hervorzurufen, ein solcher von stärkerer für Roth, von noch stärkerer für Grün nothwendig sein soll. Oder: es muss bei normaler Reizstärke die Blauempfindung intensiver sein als die Roth-, diese wieder als die Grünempfindung. Also dieselbe Annahme, die wir oben behufs Erklärung der normalen Farbengrenzen gemacht haben, drängt sich bei Betrachtung der pathologischen Thatsachen mit Nothwendigkeit auf.

Damit stimmt, dass Kranke mit Atrophia optici bei mittlerer Beleuchtung für eine Farbe blind scheinen, die sie bei stärkerer wiedererkennen, dass ihnen in einem kleinen Quadrate die Farbe unkenntlich ist, nicht in einer grossen Fläche (siehe Fall 12 und (5, V)). Denn, wenn die Verminderung der Erregbarkeit aufgewogen wird durch noch bedeutendere Verstärkung des Reizes, so muss auch die dem Werthe von I in der Gleichung $I = f. E. R.$ entsprechende Unterscheidungsfähigkeit vorhanden sein. Ein Patient S. erkannte weder im Spectroscop, noch von Pigmentfarben das Grün, mit einziger Ausnahme, wenn man direct Sonnenlicht darauf fallen liess. Die Aussengrenzen waren normal, die Grenzen für Blau und Roth verengt. Hieraus geht hervor, dass wir bei der Prüfung der Farbenempfindung nicht unabhängig von der Beleuchtung sind. Man muss daher darauf sehen, dass immer bei ziemlich gleichmässiger Beleuchtung untersucht wird. Dieselbe genau zu reguliren, sind wir nicht im Stande, es genügt aber auch, weder an sehr hellen noch an sehr dunklen Tagen zu untersuchen. Von Werth ist aber dieser Umstand den Mittheilungen gegenüber, nach welchen bei einzelnen Fällen in Folge einer bestimmten Behandlung die Farbenempfindung wiedergekehrt sein soll.

Jedenfalls, wenigstens für praktische Zwecke, ist die Ansicht nicht richtig, die Messung der Farbenempfindung habe nur, bei einer bestimmten Beleuchtung vorgenommen, Werth; schliesslich hat allerdings auch die Prüfung der Sehschärfe nur unter dieser Voraussetzung Gültigkeit.

Wenn man bei mehrmals an verschiedenen Tagen und Tageszeiten vorgenommenen Untersuchungen dieselben Resultate erhält, darf man diesen gewiss Gültigkeit vindiciren, und selbst wenn dieselben wechseln und man sich der Ursache des Wechsels, hellerer Beleuchtung, bewusst ist, behalten sie ihre Bedeutung.

Ist unsere Anschauung von der gleichmässigen Herabsetzung sämmtlicher Farbenempfindungen richtig, so darf, sobald in einem Falle von Atrophie die Erkrankung soweit fortgeschritten ist, dass Grün und Roth nicht mehr erkannt werden, auch die übrigbleibende Blauempfindung nicht mehr ihre ursprüngliche Genauigkeit und normale Intensität haben. So ist es in der That (siehe Fall 1, II). Derartige Kranke sagen, wenn man ihnen Blau vorhält gewöhnlich: „ist das nicht so bläulich“, oder sie gebrauchen eine andere, ihre Unsicherheit verrathende Redewendung. Ist Grün allein die fehlende Farbe, so ist gleichzeitig das Erkennen von Roth meistens schwierig und unsicher. Das Spectroskop giebt ganz dieselben Resultate. Auch im Spectrum haben alle Farben an Deutlichkeit und Glanz verloren. Ist auf einem Auge der

Process weiter fortgeschritten als auf dem anderen, so geben die
Patienten häufig an, sie würden mit dem schlechteren Auge die
Farben nicht erkannt haben, wenn sie sie nicht schon mit dem
anderen gesehen hätten.

Nicht so bereit liegt die physiologische Erklärung dieser Erscheinungen. Es ist zwar bekannt [1]), dass die Empfindungsstärke
für verschiedenartiges Licht eine verschiedene Function der Lichtstärke ist.

Dass Blau noch bei schwächerer Beleuchtung erkannt wird
als Roth, haben Purkinje und Dove nachgewiesen. Vierordt [2])
sagt: Immerhin ist aber sicher, dass die violetten Strahlen — die
Thatsache ist im Allgemeinen längst bekannt — gegenüber den
übrigen Strahlen in ihrem Eindruck auf unsere Netzhaut ein
relatives Uebergewicht bei geminderter objectiver Helligkeit gewinnen.
Es stimmt auch damit die Seebeck'sche [3]) Resonnanztheorie,
nach welcher die eigene Schwingungsmenge der Netzhaut in's Blau
hineinfallen müsste, besonders da dieser Voraussetzung entsprechend
von Schelske das Eigenlicht der Netzhaut als Blau nachgewiesen
wurde. Natürlich werden Strahlen, wenn ihre Schwingungszahl
der der Netzhaut entspricht, noch eine Erregung auslösen können,
wenn andere von verschiedener Schwingungszahl absolut spurlos
vorübergehen.

Hüfner [4]) drückt die gleiche Ansicht folgendermassen aus:
„Aus der Annahme, dass die Widerstände, welche sich dem Mit-
schwingen der Netzhauttheilchen entgegensetzen, in den roth
empfindenden Apparaten schon an sich grösser seien (nach unserer
Ansicht in dem grün empfindenden noch grösser), als in den violett
empfindenden, folgt als einfache Consequenz, dass bei einem allgemeinen Sinken der absoluten Erregbarkeit, d. h. also bei einer
gleichzeitigen Vermehrung jener Widerstände in allen drei Apparaten, die Grenze, bei welcher die letzteren durch Reize gar nicht
mehr überwunden werden können, für die roth empfindenden eher

---

1) Helmholtz, Physiologische Optik. S. 318.
2) Vierordt, Anwendung des Spectralapparates. S. 68.
3) Annalen der Physik und Chemie. Bd. 62, 1844, S. 571 und Fechner,
Psychophysik. II. Theil, S. 266.
4) Archiv f. O. XIII, S. 325.

erreicht sein müsse, als für die violett empfindenden." Es folgt
daraus aber auch, dass für die übrigen Farben dann nur ein Rest
undeutlicher Empfindung übrig bleibt.

Während wir so, die Blauempfindung betreffend, zu einem
sicheren Abschluss gekommen sind, verhält es sich nicht ebenso
mit der Grün- und Rothempfindung. Nach den Untersuchungen
Woinow's, Dobrowolsky's, Lamansky's ist die Intensität
und die Unterschiedsempfindlichkeit auf Seiten der Grünempfindung
grösser.[1]) Man sollte danach annehmen, dass diese letztere sich
länger halten, die Rothempfindung die hinfälligere sein würde,
während doch entschieden das Umgekehrte der Fall ist. Vielleicht
ist die Erklärung in dem Umstande zu suchen, welchen J. J.
Müller[2]) zuerst dargelegt hat. Das zwischen den Linien b und
F befindliche Grün, das Intervall von 5171—4860 Zehnmilliontel-
Millimeter Wellenlänge, steht an Sättigung hinter den übrigen
Spectralfarben bedeutend zurück und bedingt bei Mischung mit
irgend einer anderen Farbe immer eine Sättigungsverminderung
relativ zur entsprechenden Spectralfarbe. In seinem Diagramm
(Taf. VII, Fig. 4) deutet er dies dadurch an, dass er die Ecke,
an welcher Grün liegt, abrundet, sodass dasselbe näher zum Weiss
gerückt wird; in seinen Curven, vergl. Fig. 5, sind die Ordinaten,

Fig. 5.

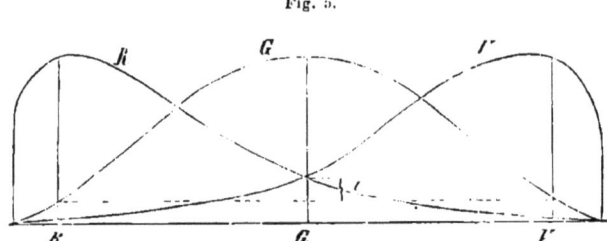

welche die Miterregung der rothen und violetten Fasern durch grünes
Licht ausdrücken höher (um i) gezeichnet, um die Beimischung
von Weiss anzuzeigen, als die entsprechenden, zu den, bei den
anderen Farbenempfindungen mitwirkenden Fasern, gehörigen, Or-

1) Kürzlich hat Bohn eine entgegengesetzte Ansicht ausgesprochen.
Poggend. Annalen 1873. Ergänz. B. VI 3. S. 396.
2) Archiv XV 2, S. 226.

dinaten. Grün wird in Folge dessen bei Herabsetzung der Erregbarkeit früh seinen eigenthümlichen Charakter einbüssen, unbestimmbar werden.

Dem entsprechend wird nun von den Kranken wirklich Roth Schwarz oder Dunkel, Grün dagegen Grau genannt.

Die bisher gegebenen Curven der Empfindungsintensitäten entsprechen nur einer bestimmten Reizgrösse und zwar, wie wir annahmen, der Helligkeit des mittleren Tageslichtes. Fig. 2, Taf. II versinnbildlicht uns nun die Veränderungen, welche die Empfindungen bei verschiedenen Reizgrössen erleiden.

Das Eigenlicht der Retina ist blau, also befindet sich die Blauempfindung schon bei der Reizgrösse O über der Schwelle, sie steigt dann in Form einer logarithmischen Curve bis in die Nähe des Empfindungsmaximums, von da an allmälig flacher werdend. Die Rothempfindung übersteigt die Schwelle erst bei einer Reizgrösse (weissen Lichts) Ox, die Grünempfindung bei einem Abscissenwerth $O.x_{,,}$. $x_,$ und $x_{,,}$ müssen näher zusammenliegen als die Entfernung Ox, beträgt, d. h. bei gleicher Reizabscisse (so lange dieselbe nicht eine bestimmte Grösse übersteigt), sind die Empfindungscoordinaten für die Roth- und Grünfasern weniger von einander, als von der der Blaufaser verschieden.

Es geht dies daraus hervor, dass bei der Atrophie das I. Stadium, die Zeit, binnen welcher Rothunempfindlichkeit auf die Grünunempfindlichkeit folgt, bedeutend kürzer ist, als dass II. Stadium, während welchem nach eingetretener Rothblindheit die Blauempfindung noch erhalten ist. Auch ist im I. Stadium die Rothempfindung stärker in Mitleidenschaft als im II. die Blauempfindung. Der Durchnitt bei T, dem mittleren Tageslicht entsprechend, liefert uns die Curven der Fig. 1 auf derselben Tafel. Man übersieht leicht, in welcher Weise durch Abnahme des Reizes oder der Erregbarkeit die verschiedenen Empfindungen beeinflusst werden.

So erklärt sich die von Helmholtz[1]) beobachtete Thatsache, dass bei schwacher Beleuchtung im Tageslicht Blau, bei starker Gelb vorwiegt. Wird die Lichtstärke weissen Lichts vermindert, so wird erst die Grünordinate $=$ Null werden und bald auch die

1) Phys. Optik, S. 318.

Rothordinate. Der bläuliche Ton wird vorherrschen. Umgekehrt
ist das Verhältniss bei grosser Lichtstärke T. Die Blauempfindung
ist nahe ihrem Maximum angekommen und bleibt fast stationär,
während die nahe bei einander liegenden Grün- und Rothordinaten
vereint rasch wachsen; das aus diesen beiden resultirende Gelb,
durch die punktirte Linie dargestellt, muss in der Mischempfindung
allmälig das Uebergewicht über das Blau bekommen.

Uebrigens macht die Unabhängigkeit der Empfindungsintensitäten von der mechanischen Kraft der verschiedenen Strahlen 'es
zulässig, von dem Versuche, die Einwirkung des Lichts auf me-
chanische Weise zu erklären, abzustehen und an deren Stelle einen
chemischen Process zu setzen. Das stark chemische wirksame
Blau könnte da noch Erregung erzeugen, wo dies minder activen
Strahlen nicht mehr gelänge.

Vollständig zu verwerfen sind die cerebralen Theorien. Durch
dieselben wird die Farbenblindheit aus jeder Verbindung mit der
Amblyopie losgerissen. Jedoch werden sie schon dadurch wider-
legt, dass die Verlaufsweise der Farbenblindheit bei der Atrophie
nach Neuritis ganz dieselbe ist, wie bei der genuinen progressiven
Atrophie.

Galezowsky[1]) sagt: Cette fréquence de la dyschromatopsie
dans l'atrophie est évidemment en rapport avec une lésion d'une
partie du cerveau, qui est destinée à percevoir les impressions
colorées transmises par la retine. Mais quelle est la portion de
l'encéphale qui est chargée de cette fonction? Hier ist er genöthigt,
sogar zu Gall's Schädellehre zu greifen. Auch Dor[2]) kommt
zu dem Schlusse: „die Farbenblindheit ist eine cerebrale Affection",
wesentlich wird er jedoch dahin geführt, durch Untersuchung
angeboren Farbenblinder und für diese ist die Annahme nicht so
unwahrscheinlich. Die krankhafte Farbenblindheit ist davon vollständig zu sondern, weil bei derselben eben jede Farbenempfindung
um eine gleiche Quote herabgesetzt ist.

Angeborene Farbenblinde haben absolut normale Sehschärfe,
sehen im Spectrum Blau und Gelb, von Pigmentfarben gewöhn-

---

1) Annales d'Oc. 1871, 5 et. 6 liv. 229.
2) Dor, Ueber Farbenblindheit. Berner naturforschende Gesellschaft.
S. 17.

lich alle, nur Grün nicht. Sie erkennen diese Farben schon in der normalen Entfernung vom Centrum.

Fassen wir das Resultat, die Farbempfindung betreffend, noch einmal kurz zusammen.

In Folge von Krankheit auftretende sogenannte Farbenblindheit ist nicht mit der angeborenen vergleichbar.

Es ist unrichtig, von Daltonismus bei Atrophie zu reden.

Die farbenempfindenden Elemente werden in derselben Weise von jedem krankhaften Process betroffen, wie die raumempfindenden.

Der atrophische Process wirkt auf alle farbenempfindenden Elemente gleichmässig, er sucht nicht die Roth- oder Grün-fasern aus.

Die Erregbarkeit aller Fasern wird um eine gleiche Quote herabgesetzt, es fällt bei der Empfindung einer Mischfarbe, z. B. des Weiss, nicht ein Element aus.

Der Eindruck von Roth- oder Grünblindheit bei Atrophie kommt dadurch zu Stande, dass die Empfindungsschwelle bei Blau tiefer liegt, als bei Roth, bei Roth tiefer als bei Grün.

Wenn die Reizabscissen abnehmen, wird die Empfindungs-coordinate für Grün zuerst unter die Schwelle sinken, dann Roth und zuletzt Blau folgen.

Will man die angeborene Farbenblindheit in ähnlicher Weise erklären, so muss man annehmen, dass die Niveaux der Farben-empfindung und der excentrischen Sehschärfe aneinander ver-schoben sind.

Die der erworbenen Farbenblindheit entnommenen Einwürfe gegen die Theorie Young-Helmholtz sind hinfällig.

Es sei mir gestattet, hier kurz der Wirkungsweise des San- Die Wirkung des tonins zu gedenken. Dieselbe ist, wie mir scheint, in analoger Santonin. Weise aufzufassen, wie der Einfluss, den die Opticusatrophie auf die Farbenempfindung und das Sehvermögen ausübt, und eine Ver-gleichung beider darum geeignet, eine einheitliche Anschauung von der Farbenempfindung überhaupt begründen zu helfen.

Bis jetzt ist noch keine genügende Erklärung für die Wirkung des Santonins gefunden. Schultze schrieb das Gelbsehen auf eine plötzliche Vermehrung des gelben Pigments der Macula. Nach Anderen (Rose) sollte das Santonin bald eine Lähmung der violett empfindenden Fasern, bald eine Ueberreizung der roth und

grün empfindenden bewirken. Man ging auch hier wieder von
der Ueberzeugung aus, dass eine der drei Faserarten allein afficirt
sei, obgleich gerade wie bei der Atrophie, so auch hier kaum
denkbar war, dass das Gift nur auf eine der in Structur gleichen
Faserarten Einfluss haben sollte. Nur Hüfner deutete an, es
könne eine gesteigerte Erregbarkeit sämmtlicher Fasern die Symptome der Santoninwirkung erklären. So ist es in der That.
Während die Atrophie die Erregbarkeit sämmtlicher Fasern um
eine gleiche Quote herabsetzt, erhöht sie das Santonin bei allen
um einen gleichen Bruchtheil.

Da ich genauere physiologische Versuche noch nicht zum
Abschluss bringen konnte, theile ich vor der Hand nur Folgendes mit:

Als ich eine halbe Stunde nach Genuss von 0,30 Natri santonici über die dunkle Strasse ging, erschien mir Alles viel heller,
wie mit bengalischem violetten Lichte beleuchtet. Ein Patient,
dem ich aus unten ersichtlichen Gründen Santonin eingab, sagte
ebenfalls, es sei ihm Alles heller erschienen, „als wenn noch ein
besonderes Licht dazu gekommen wäre". Ein anderer verglich
den Effect mit der Klärung der Atmosphäre nach einem Gewitter,
die Luft sei viel durchsichtiger gewesen, ein dritter konnte in
grösserer Entfernung Gegenstände erkennen und alle Farben
erschienen ihm deutlicher („das Roth feuriger").

Später erschienen mir im hellen Zimmer alle hellen Gegenstände gelb, alle dunkelen violett, im dunkelen Zimmer auch
weisses Papier violett. Meine Erklärung ist: die Santonsäure
erhöht die Erregbarkeit sämmtlicher Nervenfasern. Während
(Fig. 2, Taf. H) bei gewöhnlicher Erregbarkeit mittleres Tageslicht eine Erregung der drei Fasern bewirkte in der Höhe der
Coordinaten bei T, so antwortet jetzt demselben Reize eine Erregung entsprechend den Coordinaten bei T_1.

In derselben überwiegt das Gelb im Vergleich zu der normaler
Weise als Weiss anerkannten Erregung bedeutend. Darum werden
alle mittelhell beleuchteten weissen Flächen gelb gesehen. Dunkle
Flächen, die sonst keine, die Schwelle übersteigende Erregung, zu
Wege brachten, bewirken jetzt schon Reizung der empfindlichsten
Fasern, der violetten. Violettblindheit kann trotzdem vorgetäuscht
werden, denn für die violetten Strahlen, die unter normalen Ver-

hältnissen die rothen und grünen Fasern nur in geringem Grade
mitreizen (vergl. Fig. 1, Taf. II), wachsen jetzt, bei allgemein
gesteigerter Erregbarkeit, die Ordinaten der Miterregung der rothen
und grünen Fasern durch das violette Licht bedeutend, während
die Ordinate der Erregung der violetten Faser nicht in demselben
Maasse wächst, weil die Reizung derselben durch violettes Licht
schon unter gewöhnlichen Verhältnissen sehr hoch, nahe dem
Maximum ist und darum nur noch langsam zunimmt. Rose[1])
erwähnt, dass einigen im Santoninrausch das violette Ende des
Spectrums nicht verkürzt schwarz, sondern weisslich erschien.

Dies ist gerade, was wir nach unserer Auseinandersetzung
erwarten mussten. Uebrigens ist es nicht nur möglich, sondern
auch wahrscheinlich, dass grosse Dosen zur Paralyse führen können,
die entsprechend ihrer Empfindlichkeit zuerst die violetten, dann
die rothen und grünen Fasern treffen würde.

Auf diese Weise entgeht man der Nothwendigkeit, eine Wirkung des Santonius auf eine einzige Fasergattung annehmen zu
müssen, eine Annahme, die mir eben so widersinnig erscheint,
wie die der Lähmung einer Fasergattung bei der Atrophie und
der daraus zu erklärenden Daltonie — und andererseits wird der
Vorgang in der Retina auf dieselbe Grundlage zurückgeführt, wie
die im Santoninrausch vorkommenden Delirien und Hallucinationen,
auf den erhöhten Blutzufluss. Nach Rose[2]) konnte starke Hyperaemie der Netzhaut, Ausdehnung der Arterien und Venen bei
starken Santoninvergiftungen deutlich mit dem Augenspiegel nachgewiesen werden. Sobald dieser Standpunkt einmal gewonnen
war, war der nächste Schritt, das Santonin als Mittel, als Gegen-
mittel, bei denjenigen Erkrankungen anzuwenden, die zu einer
Herabsetzung der Erregbarkeit der Retina führen, der Atrophie
und besonders den Intoxications- und anaemischen Amblyopieen.
Das habe ich nun in einer Anzahl von Fällen gethan und mit
grösserem Erfolge als ich von Strychnin und anderen Behandlungs-
methoden gesehen habe. Vergl. folgende zwei Fälle.

Patient, 35 J. alt, Vegetarianer, raucht sehr stark, und zwar ita-
lienische Cigarren von Virginiatabak, und huldigt ausserdem der türki-

1) Poggend. A. B. CXXVI.
2) Virchow's Archiv XXVIII, S. 47.

schen Sitte, den Rauch zu verschlucken. Am 19/1V 73 hatte er noch
S. 1, klagte aber schon über Sehschwäche. Von da an nahm das Sehvermögen ab, trotz Schonung, Verbot des Rauchens, Fussbädern, Karlsbader Salz und war am 25/X R. $\frac{1}{7}$, L. $\frac{1}{10}$. An diesem und den drei
folgenden Tagen bekam er eine Strychnininjection. Das Sehvermögen
hob sich nicht. Der ophth. Befund war negativ, das Gesichtsfeld bdsts.
normal bis auf centrale Scotome für alle Farben, besonders aber für
Grün und Roth. Am 28. Abends bekam er zum ersten Male 0,3 Natri
santonici. Diese Dose wurde täglich wiederholt.

29/X war S. $\frac{1}{5}$, Jäg. 6 correct.
30/X $\frac{1}{5}$—$\frac{1}{4}$, Jäg. 4 grösstentheils.
1/XI fast $\frac{1}{3}$, Jäg. 3 fast richtig, von Jäg. 2 Nichts.
8/XI $\frac{1}{3}$—$\frac{1}{2}$.
9/XI $\frac{1}{2}$.
13/XI $\frac{1}{2}$—$\frac{2}{3}$.
14/XI fast $\frac{2}{3}$, eine ganze Reihe von Jäg. 2.
16/XI Jäg. 2 richtig, die meisten Worte von 1.
23/XI S. $\frac{2}{3}$—$\frac{5}{6}$ und Jäg. 1.
28/XI S. $\frac{5}{6}$.
39/XI S. $\frac{5}{6}$—1.

B., 54 J. alt, schläft träumerisch, hat wenig Appetit, raucht 8
Cigarren und trinkt über zwei Maass Wein täglich. Seit zwei Jahren
bemerkte er Abnahme des Sehvermögens. Ophth.: Aeussere Hälften der
Optici grau.

Gesichtsfeld normal bis auf ein centrales Scotom R. für Grün
und Roth.

9/XI S. L. $\frac{1}{2}$, R. $\frac{1}{7}$. Natri santon. 0,3. Eine Stunde später bei
gleicher eher etwas schwächerer Beleuchtung L. von Snellen XV, die
meisten von XII die leichteren, von X A. erkannt, R. $\frac{1}{5}$. Von jetzt
an bekam Pat. täglich 0,3 Natri santonici.

11. L. $\frac{2}{3}$, R. $\frac{1}{5}$—$\frac{1}{4}$.
16. L. $\frac{2}{3}$, R. $\frac{1}{3}$—$\frac{1}{2}$.
20. L. $\frac{5}{6}$, R. $\frac{1}{3}$.
23. L. $\frac{5}{6}$, R. $\frac{1}{2}$.
3/III L. $\frac{5}{6}$, R. $\frac{2}{3}$.
6/III Bdsts. 1.

Es freut mich, noch beifügen zu können, dass Leber[1], die
Santoninwirkung betreffend, zu derselben Ansicht gekommen zu sein
scheint, wie auch Schliephake's kurze Mittheilung damit stimmt.
Nach Letzterem ist die Beeinflussung der Farbenempfindung durch
den constanten Strom derartig, dass mir auch für sie eine ähnliche

Wirkung des con-
stanten Stromes.

---

1) Leber, Zehender, Monatsblätter 1874, S. 467. — Schliephake.
Archiv f. Physiol. 1874.

Erklärungsweise zulässig erscheint. Man muss annehmen, dass Schliessung des aufsteigenden und Oeffnung des absteigenden Stroms die Erregbarkeit der Netzhaut herabsetzt und umgekehrt.

Partielle Atrophieen.

Es handelt sich nun vor Allem darum, unter den verschiedenen Formen von Atrophie und Amblyopie die zu sondern, welchen gute und welchen schlechte Prognose zukommt. Auf eine Erkrankungs-form, die am Opticus nichts Charakteristisches zeigt, bei welcher die Papille oft ebenso atrophisch aussieht, wie bei den progres-siven Formen, die aber doch günstiger ist, hat v. Graefe schon aufmerksam gemacht, die scharfe Umschreibung derselben wird jedoch erst möglich durch die Messung der excentrischen Seh-schärfe durch Feststellung der Farbenempfindung, und durch Auf-zeichnen der Grenze derselben im Gesichtsfelde. Auf diese Weise erhält man Gesichtsfelder, die die Verschiedenheit des ursächlichen Vorganges von dem bisher besprochenen bei der malignen Form sofort ins Auge springen lassen. Man kann die progressiven Formen unter dem Namen Totalatrophie zusammenfassen und dieser die nun folgende Form als Partialatrophie gegenüberstellen.

Ich meine hier alle die Fälle, in welchen ein tractus oder ein nervus opticus ganz oder theilweise von einem ausserhalb liegenden Momente gedrückt oder zerstört wird. Dieses Moment kann sein Blutung, Tumor, Encephalitis im Hirn, oder Tumor, Exostose, Periostitis, circumscripte Entzündung der Dura an der Basis, oder eine circumscripte Neuritis oder directe Verletzung des Nerven selbst. Hierher gehören sowohl die gleichseitigen, wie die temporalen Hemiopieen, gewisse Fälle von gänzlicher oder theilweiser Erblindung eines Auges oder gänzlicher eines Auges und theilweiser des an-deren. Bei allen findet sich ein dem zu Grunde liegenden Processe entsprechendes gleichmässiges Verhalten.

Diese Gruppe beruht, wie gesagt, auf einer Functionsstörung einzelner Theile des Opticus durch eine von Aussen auf sie ein-wirkende Ursache. Die übrigen Fasern bleiben vollständig un-versehrt, was sich darin ausspricht, dass da, wo überhaupt gesehen, wird, die volle Sehschärfe herrscht. Es ist keine Zone undeutlichen Sehens dazwischen geschoben. Man wird also erwarten dürfen, dass in dem erhaltenen Gesichtsfelde die Farbenempfindung völlig normal sei, und dass an der Stelle des Defectes sämmtliche Farben zugleich mit der Aussengrenze auftreten.

Betrachten wir zunächst das Gesichtsfeld einer plötzlichen Erblindung im Bereiche des rechten Tractus opticus mit linksseitiger Hemiopie.

Vergleicht man dieses Gesichtsfeld mit den von progressiver Atrophie z. B. (4, III), jedes Auge für sich, so fällt die Aehnlichkeit derselben, was die Aussengrenze betrifft, sofort auf. Sie könnten beide demselben Processe angehören. Mit dieser Aehnlichkeit ist es aber zu Ende, sobald man auf das Verhalten der Farben achtet. Die Aussengrenzen bei der Atrophie sind eher noch weiter als die der Hemiopie, und doch fehlt die Farbenperception vollkommen, während sie bei der Hemiopie erhalten ist. Für letztere ist das Bezeichnende, dass dort, wo der Gesichtsfelddefect mit seinem spitzen Winkel scharf einschneidet, dicht am Rande der sehenden Partie sämmtliche Farben erkannt werden und dass in den übrigen Theilen des Gesichtsfeldes die Farben zu der restirenden Partie im normalen Verhältnisse stehen. Einen scharfrandigen Defect sehen wir auch bei progressiver Atrophie, z. B. in dem schon einmal herangezogenen (4, III); darin kann man keinen charakteristischen Unterschied suchen, dagegen kann das Zusammenfallen der Farben mit der äusseren Gesichtsfeldgrenze, als solcher, und damit als Zeichen eines nicht fortschreitenden Uebels gelten. Wenigstens liegt in solchen Fällen nicht der Charakter eines allmälig sicher weiterschreitenden Processes.

Diesen Befund trifft man nun nicht nur bei beiderseitigen Erkrankungen, bei Hemiopieen, an, sondern auch bei Affection nur eines Auges.

Einseitige Partialatrophie. Als Beweis diene folgender Fall, dessen Gesichtsfeld beiliegt, in welchem das andere rechte Auge völlig normal war.

Nr. (16, VIII). B., 21 J., 8/1. Das linke Auge ist, so lange Patientin denken kann, schwachsichtig und schielend gewesen. R. E. S. 1. L. Finger in 3 Fuss. Das linke Auge schielt nach oben und aussen. Die Bewegung nach innen ist gehemmt. Opticus undurchsichtig weiss. Gefässe nicht eng.

Atrophia ex causa cerebrali. Strabismus post paralys. nervi oculomot. Das Gesichtsfeld zeigt L. Ausfall eines inneren Quadranten mit scharfen Rändern. Die Farbengrenzen fallen mit der Aussengrenze zusammen.

Ich denke, man wird hier den Schluss auf eine Basalaffection, die in der Kindheit statt hatte, zugeben, eine Basalaffection, die den linken Oculomotorius und dann den linken Opticus von aussen fasste und nur eine beschränkte Anzahl Fasern leitungsunfähig machte, die übrigen ganz intact liess. Ich bin auch der Ansicht, dass das centrale Sehvermögen in diesem Falle besser wäre, wenn das Auge nicht seit der Kindheit abgelenkt gewesen wäre, und halte ihn in dieser Hinsicht für eine Amblyopie ex anopsia. Zugleich gilt er mir als Beweis, dass ein solcher Defect sehr lange stationär bleiben kann.

Nr. (17, IX). Z., Pferdehändler, 35 J., 21/XII. Vor 14 Tagen hatte Patient einmal furchtbar nasskalte Füsse. Seitdem bemerkte er allmälige Abnahme des Sehvermögens auf dem R. Auge.
L. E. S. 1. R. Lichtschein nur sehr schwach, nur in der äusseren Hälfte des Gesichtsfeldes.
Ophthalmoskopisch zeigen sich R. geringe Spuren abgelaufener Neuritis, schwache Schlängelung der Venen ausserhalb der Papille und Trübung der Retina in der Umgebung der Gefässe. Doch kann dieser Befund nicht die kolossale Sehstörung erklären; die Ursache ist jedenfalls eine extraoculäre, vor der Hand unbekannter Natur. Es lässt sich keine Allgemeinerkrankung nachweisen. 22/I 69 R. Totale Amaurose. L. E. S. $\frac{5}{6}$—1. R. Atrophie nach Neuritis. L. Rosige Färbung des Opticus.

12/IV. 71. Am 7. März wurde Patient unwohl und war einige Tage bettlägerig. Seit 10 Tagen wurde Abnahme des L Auges bemerkt. L. E. S. $\frac{2}{3}$. Opticus: weiss, trübe, verfärbt. Keine Kopfschmerzen. keine Herzaffection.

16/I. 73. L. E. S. $\frac{5}{6}$ — 1. Messung des Gesichtsfeldes ergiebt fast hemiopischen Ausfall der oberen Partie. Die Farben treten dicht am Rande des Defectes auf. Nach einem Jahre Stat. id.

Es kommt hier nicht darauf an, in voraufgehendem Falle eine genau lokalisirte Diagnose zu stellen, soviel ist klar, dass auch hier wie bei der Hemiopie ein von aussen her auf den Nerven in seinem Verlauf wirkendes Moment anzunehmen ist, nicht eine Erkrankung der Nervensubstanz selbst, respective der zwischen derselben befindlichen Bindesubstanz; es beweisen dies die Farbengrenzen. Darin beruht die relative Günstigkeit dieser Fälle gegenüber der genuinen Atrophie oder der Atrophie nach Neuritis. Ob im ein-

zelnen Falle die Prognose absolut günstig sei, hängt von der Art
des cerebralen Processes ab, der hier wahrscheinlich eine Pachymeningitis circumscripta ist.

Der Inhaber des folgenden Gesichtsfeldes Nr. (18, X) St., 27 J.,
erhielt in der Nacht vom 18. auf 19. Juli 73 bei der Attake auf
einen Wachtposten einen Bajonnettstich in der Gegend des L. inneren
Augenwinkels in die Orbita hinein. Der Befund am 1. September ergiebt L. II. $^1/_{36}$, S. 1. R. S. $^{20}/_{200}$. Convexgläser machen etwas deutlicher. R Opticus grauweiss, keine Spur vorausgegangener Entzündung.
Keine Bewegungsbeschränkung in den Augenmuskeln. Im äussersten
nasalen Aequator finden sich Pigmentanhäufungen, ähnlich wie sie Berlin
nach Durchschneidung des Opticus beim Kaninchen fand.

Die Diagnose wird auf particlle Durchschneidung des Opticus
in der Orbita gestellt.

Die zu innerst liegenden Fasern wurden durchschnitten, die
nächstfolgenden jedoch auch lädirt, sodass im Gesichtsfelde die
Farbengrenze für Grün nicht dicht neben der Aussengrenze liegt.

Auch hier stellen wir in Folge des Verhaltens der Farben
die Prognose quoad caecitatem gut, es hätte auch eine Atrophie
nach Commotio mit Zerrüttung der Nervensubstanz vorliegen
können, dann wäre das Verhalten der Farben ein anderes und wie
oben in (7, α) oder (5, V) die Farbenblindheit ausgesprochen, — ad
restitutionem des fehlenden Gesichtsfeldes schlecht, — der centralen Sehschärfe zweifelhaft, weil nicht zu eruiren ist, ob die
jedenfalls vorhandene Commotio retinae vollständig überwunden
werden kann.

Da dieser Fall zur gerichtlichen Verhandlung kommt, so fusst
hierauf eine wichtige Unterscheidung.

Nr. (19, γ). Fr. S., 53 J. 20/XI. Vor 12 Wochen plötzliche Erblindung des linken Auges. Seit 4 Monat Menopausis, kein Herzklopfen,
keine Dispnoe. Vater und Schwester starben apoplectisch, letztere in
der Involutionsperiode, eine andere Schwester an Anämie.

R. E. S. 1. L. suchend mit innerer oberer Retinaparthie S. $^1/_{20}$—$^1/_{10}$.

L. Opticus vollkommen weiss, flach excavirt. Arterien enorm dünn,
kaum sichtbar, Venen ebenfalls schmal.

R. Opticus blass und äussere $^2/_3$ excavirt.

R. Gesichtsfeld vollkommen frei. L. fehlt es innen oben (siehe
Fig. I).

18/II. 73. Status idem. Gesichtsfeld wie Fig. II. (s. Schema γ.)

Von diesem Falle fehlen leider die Farbengrenzen. Sie allein
könnten uns über die Prognose Licht verschaffen. Der Zustand

der Papillen lässt hier auch progressiven Verlauf befürchten. Im
Falle (7, α) oben (progressiv) ist der Ausfall der Aussengrenzen
ein ähnlicher, ebenso im Fall (16, VIII partiell). Würden wie
im letzten die Farbengrenzen bis dicht an die Aussengrenzen heran-
treten, so ist die Prognose gut und es ist eine beschränkte Erkrankung anzunehmen, ist die Farbenempfindung aber wie im
ersten (trotz S = ⅓) auf Blau reducirt, so steht es schlecht mit
dem linken und wahrscheinlich auch mit dem rechten Auge.

Schema γ.

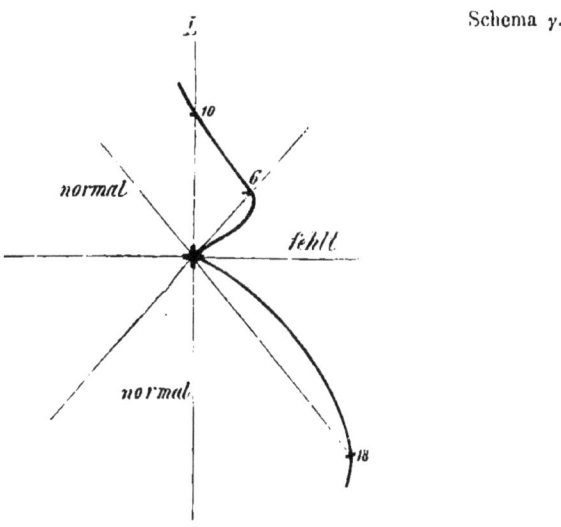

Hieraus ist die Bedeutung der Partialatrophie schon ersichtlich; auf den Zusammenhang der einseitigen Partialatrophie mit
den Hirnerkrankungen komme ich zurück, nachdem auch die
doppelseitigen besprochen sind.

Wir haben zwar oben schon der Hemiopie Erwähnung gethan Doppelseitige
und dieselbe zur Aufstellung der Gattung der partiellen Atrophie Partialatrophie.
von der sie eine Unterabtheilung bildet, benutzt; doch hat diese
Form, abgesehen von dem Verhalten der Farben, welches sie scharf
von der progressiven Atrophie unterscheidet, noch so viel Eigen-
thümliches, dass wir ihr mehr Raum widmen wollen. Zunächst
handeln wir von der gleichseitigen lateralen Hemiopie, bei welcher Laterale
die Linke resp. Rechte Gesichtsfeldhälfte auf beiden Augen fehlt. Hemiopie.
Zu Anfang vorigen Jahrhunderts wurden schon solche Fälle

beobachtet und durch die Semidecussation erklärt. Concludimus, nervos opticos in illo coalitu fibras suas ita decussare et unire, ut hoc ipso nervi, postea a se iterum recedentes, in duo segmenta aequalia, hemispheriis cerebri correspondentia, dividantur atque sic dextrum tunicae retinae latus in utroque oculo, fibras e dextro, sinistrum vero e sinistro hemisphaerio accipiat, oculique adeo, ob fibrarum, ex nervis accedentium, aequalem in tunicis retinis distributionem in visionis actu inter se consentiant. [1]

Die Ansicht der Semidecussation stellte schon vorher Newton auf, nach Schopenhauer[3] soll auch Prof. Ackermann selbständiger Entdecker derselben sein. Wollaston begründete sie durch Beobachtungen an sich selbst und anderen; endlich durch die Bemühungen v. Graefe's schien sie für ewige Zeiten gesichert zu sein. Neuerdings sind nun Biesiadecki, Michel und Mandelstamm dagegen aufgetreten und behaupten vollständige Kreuzung.

Werfen wir einen Blick auf die anatomischen und experimentellen Thatsachen, zu welchen die verschiedenen Forscher gelangt sind. Guddens[2] Ansicht ist folgende.

Bei allen Thieren, bei denen das Gesichtsfeld nicht ein beiden Augen gemeinsames ist, kreuzen sich die Sehnerven vollständig, bei allen anderen (also auch beim Menschen) nur theilweise. Eine vordere Commissur im Chiasma ist nicht vorhanden. Eine hintere Commissur ist vorhanden, steht aber in keiner Beziehung zum Sehnerven, ist vielmehr in ihrer Leistung durchaus unabhängig von diesem. Auch Luys[4] macht dieselben Angaben.

Diese Annahme steht also in völligem Einklange mit der Semidecussation.

Vollständige Kreuzung auch beim Menschen nehmen Biesiadecki[5], Paulowsky[6], Mandelstamm[7] und Michel[8] auf

---

1) Vater et Heinicke Dissertatio, qua visus vitia rarissima etc. Wittenberg 1723, citirt in Zehender, Monatsblätter. 1869. S. 428.

2) Zeitschrift für Psychiatrie XXX, 1.

3) Schopenhauer, das Sehen und die Farben. 1816. S. 18.

4) Luys Recherches sur le système nerveux. pag. 24 und 285. Taf. 1 und Taf. XI.

5) Wiener Sitzungsberichte XL. 1861, S. 86.

6) Chiasma nerv. optic. Dissert. 1869. Mockau.

7) und 8) A. f O. XIX, 2.

Grund anatomischer Untersuchungen an. Welche von beiden
Parteien Recht hat, muss die Zukunft entscheiden. Michel beruft
sich weiter auf die experimentellen Resultate Brown-Séquard's[1]),
ich weiss aber wirklich nicht, mit welchem Rechte. Brown-
Séquard sagt: „Jede Hirnhälfte genügt für das Sehen mit beiden
Augen und jeder Tractus opticus setzt die Hälfte des Gehirns, der
er entspringt mit beiden Seiten beider Retinae in Verbindung."
Das ist doch Semidecussation, wenigstens in der Hinsicht, dass
im Chiasma nur die Hälfte der Fasern in den Opticus der anderen
Seite übergeht! Für Thiere haben experimentell die vollständige
Kreuzung nachgewiesen Mackenzie[2]), Longet[3]) Brown-Séquard, vergl. auch Luys[4]). Diese Ergebnisse stehen nicht im
Widerspruch mit den Angaben von Gudden und Luys, die bei
den meisten Thieren vollständige Kreuzung fanden. Welche Verlaufsweise für den Menschen anzunehmen ist, wird nur auf dem
Wege anatomischer Forschung oder klinischer Beobachtung zu
eruiren sein.

Mandelstamm behauptet nun, dass die klinischen Thatsachen
besser durch vollständige Kreuzung erklärt werden, ja Annahme
einer solchen sogar dringend fordern. Unten werde ich die Mandelstamm'sche Erklärungsweise genauer prüfen und hier nur
vorausgreifend bemerken, dass allerdings vollständige Kreuzung
nicht mit den klinischen Beobachtungen in unlösbarem Widerspruch steht, dass aber die Fälle Mandelstamm's sie durchaus nicht beweisen, auf die Entscheidung dieser Frage vielmehr gar keinen Einfluss ausüben und dass, was die gleichseitige
Hemiopie betrifft, die von Mandelstamm gegebene Deutung
absolut unzulässig ist.

Da der Bau des Chiasmas anders aufgefasst wurde, musste auch
die Theorie der Hemiopie eine Aenderung erleiden. Mandelstamm
und Michel haben nun eine neue Erklärung derselben gegeben.
Michel hat sie jedoch nur als möglich neben zwei anderen hin-
gestellt. In Fig. 4, Taf. II. sind die beiden sich gegenüberstehenden
Ansichten versinnbildlicht, zugleich wie man sich dabei das Zustande-

---

1) Archives de Physiologie 1872. VI, p. 262.
2) Transact. of Roy. soc. of Edinbg. XXI 1. p. 503. 1865.
3) Anatomie et physiol. du système nerveux. Tom. II. p. 61.
4) a. a. O., S. 285 und 498.

kommen der verschiedenen Hemiopieen zu denken hat. Der Kreis um 3 zeigt den Ort der Laesion für die temporale Hemiopie, um 2 für die gleichseitige (Lähmung der rechten Retinahälften), um 1 für die nasale. Dass diese letztere durch die Semidecussation nicht erklärt werden kann, spricht eher zu Gunsten derselben, denn, wie wir sehen werden, ist bis jetzt nasale Hemiopie kaum beobachtet. Der Haupteinwurf gegen die vollständige Kreuzung ist der, dass durch sie eine scharfe Begrenzung der gleichseitigen Hemiopie nicht zu Stande kommen kann und dass sie dem klinischen Verlauf derselben, erstens dem häufigen Vorkommen bei Apoplexieen u. s. w., wo man den Ort der Laesion der übrigen Störungen wegen in eine Hemisphäre verlegen muss, zweitens der günstigen Prognose quoad caecitatem dieser Hemiopien nicht Rechnung trägt.

Die Ansicht v. Gräfe's über die laterale Hemiopie.

Fig. 3, auf Taf. H erläutert das gemeinschaftliche Gesichtsfeld in seinem Verhältniss zu den verschiedenen Tractus (nach Förster).

Die Trennungslinie geht durch den Fixationspunkt, nicht durch den blinden Fleck und es muss daher der Fasciculus cruciatus nicht nur die nach innen liegende Retinapartie versorgen, sondern auch noch das Gebiet zwischen Opticus und Macula. Was im gemeinschaftlichen Gesichtsfelde beider Augen, Links von der durch die, Fixationspunkte F gezogenen Senkrechten liegt, gehört dem rechten Tractus opticus, an, was Rechts dem Linken. Auf diese Weise wird auch das Princip gewahrt, dass alle auf identische Punkte treffenden Eindrücke durch denselben Tractus zum Hirn befördert werden. Mackenzie[1] sagt: le nerf optique droit sert à faire voir à gauche et le gauche à droite.

Dieser etwas verwickelte Faserverlauf hat zu Meinungsverschiedenheiten geführt, welche Papille und welcher Theil derselben besonders die Zeichen der Atrophie zeigen müsse. v. Graefe meinte, obgleich ein Theil des fasciculus cruciatus auch von der Papille nach aussen ausstrahle, bilde er doch auf der inneren Hälfte das Gros der Fasern und müsse sich, falls er atrophire, die Verfärbung der Papille auf der inneren Hälfte aussprechen, so dass also bei einer Hemiopie auf dem einen Auge die innere, auf dem anderen die äussere Papillenhälfte atrophisch sein müsste.

---

1) Mackenzie, Maladies de l'oeil. Traduit. Tom. II, S. 741, in welchem sich der Verf. noch nicht entschieden für oder wider die Semidecussation ausspricht.

Diesem theoretischen Schlusse entsprechend, beobachtete er sowohl wie Wecker[1] verschiedene Fälle. Einer, bei welchem sich Linksseitige Hemiopie und atrophische Excavation der rechten Papillenhälften fand, wird von Engelhardt mitgetheilt. Es muss der Gesichtsfeldausfall auf dem Auge, wo der Fasciculus cruciatus betroffen ist, grösser sein als auf dem anderen, wo der Fasciculus lateralis nicht functionirt, da die Ausdehnung des Gesichtsfeldes vom Fixationspunkte aus nach innen und aussen eine sehr verschiedene ist.

Mauthner[2]) dagegen hält die Atrophie der Hälfte einer Papille für undenkbar, weil der Fasciculus cruciatus nach beiden Seiten Fasern liefere und seine nach der Macula zu verlaufenden die äussere Papillenhälfte allein einnähmen, die für die temporale Peripherie bestimmten des Faciculus lateralis dagegen im Bogen, von denen des cruciatus auf der Papille bedeckt, um die Macula herumliefen. Es sei somit der Zustand des cruciatus allein für das Aussehen der Papille bestimmend. Danach muss bei Hemiopie eine Papille völlig normal, eine völlig atrophisch sein. Mauthner führt hierfür auch Beobachtungen an.

Meistens ist eine Apoplexie oder ein encephalitischer Heerd seltener ein Tumor mit dem Sitz an der Basis in den grossen Hirnganglien oder in den Vierhügeln die Ursache der wirklichen Hemiopie. Mauthner meint, durch ein Blutextravasat im Thalamus und Corpus striatum könne complete Hemiopie nicht erklärt werden, da es zu gross sein müsste, um nicht das Leben zu beeinträchtigen. Für complete Hemiopie muss man nach ihm die Ursache an der Basis suchen.

Einseitige Erblindung mit Hemiplegie der anderen Seite spricht für Embolie der Arteria centralis und Embolie der Arteria fossae Sylvii. Für das Lesen ist die Lähmung des Linken Tractus und rechtsseitige Hemiopie bedeutend lästiger, weil durch dieselbe das zum geläufigen Lesen nöthige Vorauslesen unmöglich wird.

Die Prognose solcher Leiden, ist was die Erblindungsgefahr betrifft, günstig; die Aussicht auf Wiederherstellung hängt von der Art des intracraniellen Processes ab. Eine völlige Erblindung

1) Wecker, Maladies des yeux. Tom. II, S. 384.
2) Mauthner, Oestr. Zeitschrift für practische Heilkunde. 1872.

kann zu einer einseitigen Hirnerkrankung nur hinzutreten, wenn
die andere Hemisphäre ebenfalls erkrankt oder wenn sich eine
diffuse Hirnstörung sekundär entwickelt.

Um Anspruch auf den Namen Hemiopie machen zu können,
darf der Defekt die Vertikale, welche durch den Fixationspunkt
gezogen ist, nicht überschreiten und muss schon einige Zeit bestanden haben. Anderenfalls könnte eine progressive Atrophie
vorliegen, die auf dem einen Auge einmal ausnahmsweise temporalwärts anfinge.

Vorübergehend, etwa 20 Minuten dauernd, kommt die Hemiopie
bei Migräneanfällen vor, auch in der Schwangerschaft wird sie häufiger in dieser Weise beobachtet.

Während dabei ein objectiver Defekt zugegen ist, zeigt sich
ein subjectives Flimmern in dem betreffenden Gebiete, so dass
möglicherweise auf eine Unterbrechung zwischen Stäbchen und
Fasern geschlossen werden kann. Die Phosphene können die Entscheidung liefern, ob eine wirkliche Hemiopie oder eine Hemiopia
fugax, ähnlich dem Flimmerskotom vorliegt. Genaue Gesichtsfeldmessungen sind von solchen Fällen nicht gemacht.

So war die bisherige Anschauung, mit welcher die von mir
beobachteten Fälle im Verlauf u. s. w. vollständig harmoniren.
Ich lasse diese jetzt folgen, um später die entgegenstehende Ansicht einer Prüfung zu unterwerfen.

Nr. (20, XI). J. 33, 30/X. Litt in der Jugend an Chorea, hatte
vor 10 Jahren öfter Flimmern vor den Augen und Doppelsehen. Während früherer Wochenbetten stellten sich rasende Kopfschmerzen, Blen-
dungserscheinungen und Lichtscheu ein. Patientin hatte häufig ein Gefühl von Kälte in den Fingerspitzen. Sie war sehr zu Obstipation geneigt.
Am 25. spürte sie einen Druck auf dem Scheitel und starkes Flimmern
vor den Augen. Am 26. zeigte sich der Gesichtsfelddefect. Der Kopfschmerz verlor sich erst am 29. Patientin befindet sich im dritten
Monate der Gravidität.

F. S. L. 1, R. ⁵/₆ bis 1.

Ophthalmoskopisch: Gefässe schmal. Optici in den äusseren Hälften
etwas porcellanartig gefärbt.

5/XI. Prüfung der Phosphene ergiebt: L. rasche bejahende Antwort
bei Berührung der äusseren Retinapartien. Nichtempfinden innen-oben,
R. mit Ausnahme der äusseren oberen Quadranten rasches Bejahen. R.
ist Gesicht und Hals bis zur Achsel öfter heiss und trocken, während
die andere Seite kalt und schwitzend ist.

29/XI. Ophthalmoskopisch keine Spur eines Fortschritts der
Atrophie.

Das Gesichtsfeld zu verschiedenen Zeitpunkten gemessen, blieb während der Beobachtungszeit unverändert und war es noch nach 1½ Jahren. Dasselbe Nr. XI. zeigt beiderseits Ausfall des linken unteren Quadranten. Die Farben treten dicht am Rande des Defectes auf. Plötzliche Erblindung im Bereiche des rechten Tractus opticus.

Nr. (21, XII.) 20 J. alt, litt an heftigen andauernden Kopfschmerzen und Polydipsie, an Zuckungen und Gefühlsstörungen in den L. Extremitäten und der L. Gesichtshälfte; der Gang war lange Zeit unsicher. Die Diagnose schwankt zwischen Tumor und Pachymeningitis.

Nr. (22, XIII.) Fr. Sp., 38 J., hatte im letzten Jahre einen ersten Schlaganfall mit Sprachstörung während zwei Stunden, aber ohne weitere Lähmungserscheinungen; vor 6 Wochen den zweiten Schlaganfall, dem nach drei Tagen der dritte mit totaler rechtsseitiger Lähmung und Aphasie folgte. Seitdem haben sich die Lähmungserscheinungen und auch die Sprachstörung gebessert. Patientin klagt viel über Herzklopfen. Convergenz für die Ferne, gleichnamige Diplopie.

R. M. ¹/₄, S. ¹/₄, L. M. ¹/₂₁/₂, S. ¹/₄.

Bdsts. beginnende aequatoriale Cataract, Glaskörperflocken, grosse aber stationäre Staphylome, gesunde Maculae, Optici blass.

Gesichtsfeld Nr. XIII. Rechtsseitige Hemiopie.

Es wird mir bei Gelegenheit dieser Gesichtsfelder vielleicht gesagt werden, es seien keine Hemiopieen, die Grenzlinien seien nicht senkrecht, auch fehle nur ein kleineres Stück und dies liege nicht einmal symmetrisch.

Das Gesichtsfeld des Falles (21, XII) ist ähnlich dem von Förster[1]) gegebenen, gegen welches Manthner den Vorwurf macht, die Grenzlinien seien nicht scharf und senkrecht. Es liegt dies an der Methode der Aufzeichnung. Auf eine Fläche lässt sich das Gesichtsfeld in richtiger Projection nur entwerfen, wenn man die Tangenten einträgt, in unsere Schemata werden aber die arcus eingetragen. Während man nun bei kleineren Winkeln arcus und Tangente gleichsetzen kann, wächst die letztere bei grösseren Winkeln bedeutend stärker als ersterer, es fallen also im Schema alle Entfernungen, welche grössere Winkel repräsentiren, im Vergleich zu den kleineren Winkeln, viel zu gering aus. Wenn nun vom Fixationspunkt aus gemessen würde, so würde die Verziehung wenigstens auf beiden Augen die gleiche sein, es würde die Symmetrie bewahrt, nun wird nach Förster aber vom blinden Fleck aus gemessen, die verticalen Trennungsmeridiane fallen im Gesichts-

1) Annales d'Oc., Tom. 59. S. 12. 1868.

felde, der eine auf die rechte, der andere auf die linke Seite des
Nullpunktes, der eine erleidet eine Verziehung nach dieser, der
zweite nach der entgegengesetzten Richtung. So gehen die geraden
Grenzlinien und die Symmetrie verloren. Auf diesen Fehler der
Förster'schen Methode habe ich oben noch nicht hingewiesen.
Schema δ stellt das Gesichtsfeld (20, XI) dar (an der Tafel ge-
messen vom Fixirpunkte aus). Das Schema gilt sowohl für das
Rechte wie das Linke Auge. Hier erscheint der Defect vollständig
symmetrisch.

Schema δ.

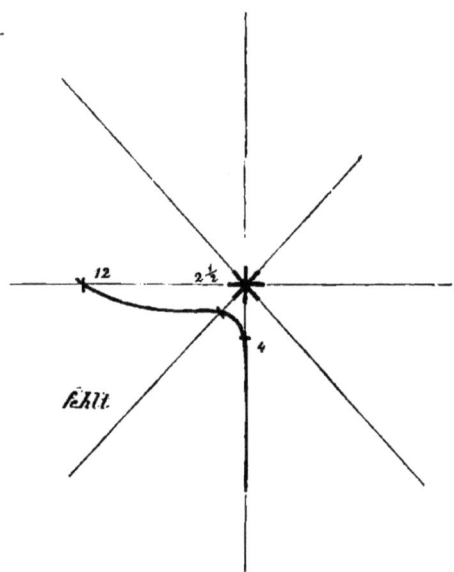

Was endlich den Umstand betrifft, dass nur ein kleinerer
Theil des Gesichtsfeldes fehlt, so verstehe ich unter lateralen
Hemiopieen nicht bloss diejenigen Fälle, wo gleiche Hälften der
Retinae ganz fehlen, sondern auch solche, die bei weitem zahl-
reicher sind, wo auf beiden Augen ein kleinerer aber völlig symmetrischer Abschnitt ausgefallen ist. Ich glaube, dass diese alle
die nämliche Bedeutung haben.

Ophthalmoskopisch findet sich, nachdem die Hemiopieen eine
Zeit lang bestanden haben, das Bild der centrifugalen Atrophie,
blasse, oft porcellanartige Verfärbung der Papille. Nach meinem

Urtheil existirt kein Unterschied zwischen beiden Augen. Wie sich diese hemiopischen Defecte von den auch bei Totalatrophieen vorkommenden unterscheiden, habe ich schon oben auseinandergesetzt, ich theile nur noch folgenden Fall mit, der geeignet erscheint, das dort Gesagte zu erläutern.

Nr. (23, ε). W., 41 J. 6/7. Vom Februar bis Juli 72 Hirnkrankheit, darauf Abnahme der Augen; von Neujahr bis Anfang Mai d. J. wieder Hirnkrankheit mit noch stärkerer Abnahme der Augen, während der Krankheit oft Erbrechen.

Schlaf und Appetit gut, doch viel Träume, trinkt sehr mässig, raucht gar nicht; kein Einschlafen der Glieder, schwankt nicht bei geschlossenen Augen und Füssen, will keine Abnahme körperlicher Kräfte bemerkt haben. Die linke Hand und das linke Bein zittern ziemlich stark, sobald sie in einer bestimmten Stellung gehalten werden. Der Mund ist etwas nach rechts verzogen, die linke Nasolabialfalte verstrichen, Zunge und Zäpfchen stehen gerade.

L. S. ¹/₃. R. Finger in 8 Fuss. R. von Pigmentfarben nichts sicher erkannt. L. mit Sicherheit nur Gelb und Blau. Im Spectroskop L. nur Blau unsicher. Bdsts. Neuritis und starke Schwellung der Papille.

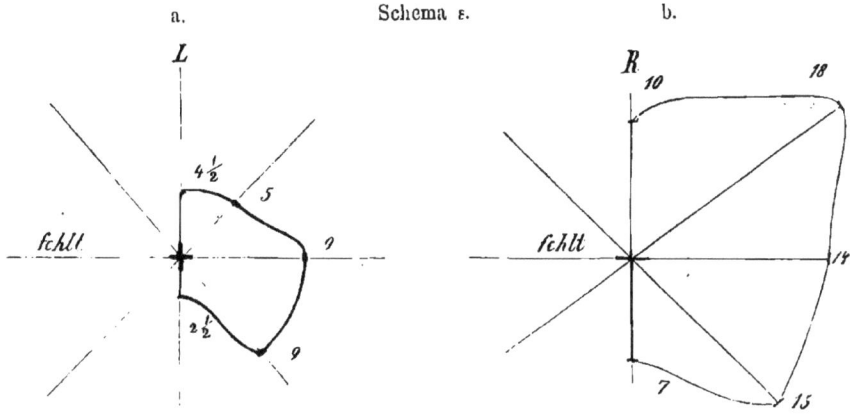

a. Schema ε. b.

Hier liegt unzweifelhaft eine Hemiopie vor und befindet sich wahrscheinlich an derselben Stelle im Gehirn ein Heerd wie in den drei vorhergehenden Fällen; aber — es ist ein complicirter Fall. Eine Laesion an einer circumscripten Stelle einer Hemisphäre kann so ohne Weiteres nicht zu einer Herabsetzung der excentrischen Sehschärfe in den noch percipirenden Hälften führen, sodass keine Farben mehr erkannt werden, die Heerderkrankung muss eine solche sein, dass sie, sei es durch Erhöhung des intracraniellen Drucks, sei

es durch directe Fortleitung von Entzündung zu Neuritis des Sehnerven führen kann, die dann ihrerseits, die concentrische Herabsetzung der excentrischen Sehschärfe mit Beeinträchtigung der
Farbenempfindung bewirkt. Dieser Schluss wäre gerechtfertigt,
auch wenn der Augenspiegel ein negatives Resultat liefern sollte,
es kann ja eine Neuritis descendens vorhanden sein, die nur bis
zum foramen opticum z. B. gelangt wäre —, in vorliegendem Falle
bestätigt aber der ophthalmoskopische Befund das aus dem Zustande
der Farbenempfindung hergeleitete Urtheil, es war beiderseits sehr
starke Neuritis mit bedeutender Schwellung der Papille vorhanden.
Hier kommt also ausser der Vernichtung des Centrums oder der
Fasern für eine Netzhautpartie noch ein anderes Moment in Frage,
das nicht mehr die günstige Prognose zu stellen erlaubt, die sonst
der Hemiopie zukommt — oder nach v. Graefe zukam. Denn
kommt sie ihr noch zu? Wenn Mandelstamm's Ansichten
richtig sind, nicht mehr! Unterwerfen wir dieselben einer Prüfung.

Zunächst müssen wir untersuchen, was Mandelstamm gegen
die Semidecussation und für völlige Kreuzung anführt, da ihm
letztere die Grundlage zu seiner Theorie von der Hemiopie liefert.

Die Semidecussation erlaubt keine Erklärung der nasalen
Hemiopie. Giebt es nasale Hemiopie? Mandelstamm führt
drei Fälle an.

S. 41. Anm. 2. Handbewegungen nach aussen wahrnehmbar,
nasalwärts nicht.

· S. 54 ad b. Doppelseitige Neuroretinitis, R. Finger in 2'.
L. in grösster Nähe. Bdsts. Gesichtsfelddefect nach innen. Aus
solchen Fällen mit Neuritis, colossal herabgesetztem Sehvermögen
kann man doch nicht Schlüsse auf Hemiopie ziehen! Bei Glaukom
ist der Defect meistens nach einer Seite stärker ausgesprochen als
nach der anderen und man denkt nicht daran, dafür einen besonderen Faserverlauf anzunehmen. Solche Fälle finden doch gewiss
ihre Erklärung dadurch, dass die Neuritis aus irgend welcher
Ursache nach einer Seite hin stärker wirkte als nach der anderen.
Vergl. darüber v. Graefe, klinische Monatsblätter. 1865, S. 135.

Es bleibt der Fall S. 39 Anm. 1., in welchem übrigens auch
im höchsten Grade ausgesprochene Stauungspapille vorhanden war
und die nasale Hemiopie bald einer völligen Verdunklung des
Gesichtsfeldes Platz machte. Selbst wenn man, was das Nächst-

liegende wäre, die Gesichtsfeldbeschränkung nicht in der eben
berührten Weise auf die Stauungspapille zurückführen wollte, die,
wie wir sehen werden, minimale Gesichtsfelder hervorrufen kann,
so würde man doch für diesen einzelnen Fall lieber annehmen
dass eine Geschwulst um das Chiasma herumgewachsen sei, dasselbe von allen Seiten gedrückt habe (vergl. Klinische Monatsbl.
1872, S. 93, den Fall Krohn und Med. Times. Juli 1873. Russel),
sodass die mittleren nasalen Stränge am längsten intact blieben,
als dass man dieses einzigen Falles wegen eine besondere Verlaufsweise der Fasern annähme. In der That ist dies der einzige Fall
von möglicherweise nasaler Hemiopie.

Wenn aber nassale Hemiopie, wie Mandelstamm annimmt,
durch Druck auf den hinteren Chiasmawinkel entstehen könnte,
wie oft müsste sie nicht beobachtet werden, wie oft wird nicht
Ausdehnung des III. Ventricels und des Infundibulum's constatirt?
Ich muss daher sagen, gerade weil die Semidecussation keine
nasale Hemiopie erklärbar macht, gerade dadurch wird sie wahrscheinlicher.

Bei der Semidecussation würde Druck auf den hinteren
Chiasmawinkel den häufig beobachteten Defect der äusseren unteren
Quadranten verursachen.

Betreffend Erblindung des einem Heerde entgegengesetzten
Auges begeht Mandelstamm den Fehler, den schon v. Graefe
gerügt hat, dem man aber sehr häufig begegnet. Er theilt zwei
Fälle von Tumoren im Kleinhirn mit; das entgegengesetzte Auge
war in einem Falle amaurotisch, weitere Angaben fehlen, und
zeigte im zweiten Neuroretinitis. Dass es sich hier um die Folge-
erscheinungen von Neuritis, herrührend vom erhöhten intracraniellen Druck, handelt, brauche ich nicht hervorzuheben. Der
Sitz des Tumors ist ganz gleichgültig.

Was nun die laterale Hemiopie selbst angeht, so erscheint es
mir wunderbar, dass ein Tumor oder Blutextravasat bei 2 Fig.
4. Taf. II. immer so gleichmässig nach der einen Seite hin auf
den Nerv, nach der anderen auf den Tractus drücken sollte, wie
es die Symmetrie des Defectes verlangt. Dann kann ein Blutextravasat einen festen Nervenstamm, glaube ich, nicht derartig
drücken. Endlich wie soll die Hemiopia fugax erklärt werden,
es kann doch nicht ein Etwas, welches den Opticus in solcher

Weise pressen kann, in einigen Minuten entstehen und ebenso
schnell wieder verschwinden? Wie soll z. B. der bekannte Wollaston'sche Fall gedeutet werden, wo zuerst 15 Minuten dauernde
linksseitige dann 20 Jahre später rechtsseitige Hemiopie von eben
so kurzer Dauer auftrat?

Was die Abhängigkeit von dem Tumor betrifft, so bin ich der
Meinung Mackenzie's. Später erfolgte der Tod mit halbseitiger
Körperlähmung. Bei der Section fand sich ein Tumor im rechten
Thalamus. Mackenzie[1]) bemerkt hierbei mit Recht que entre
cet état du cerveau es les symptômes antérieurs d'hémiopies, il peut
y avoir eu ou n'y avoir pas eu de rapport. En effet, il y a eu
deux attaques distinctes séparées par un intervalle de vingt années,
et chaque attaque s'est dissipée complétement au bout de quinze
à vingt minutes: dans la première, ce sont les objets situés à
gauche, qui n'étaient plus perçus et dans la seconde, ceux situés
à droite. C'est un fait connu que les altérations de la substance
cérébrale déterminent souvent les maladies périodiques, que certaines
causes d'excitation venant à agir sur un cerveau malade, l'une
ou l'autre des fonctions d' organe se trouve entravée pour un
certain temps et que lorsque ces causes viennent à cesser d'agir
l'individu se trouve de nouveau dans l'état de santé apparente,
dont il jouissait.

Als den triftigsten Beweis seiner Ansicht betrachtet Mandelstamm das Zusammenvorkommen von Aphasie mit Hemiopie. Ein
Blutextravasat soll in diesen Fällen die Wände der fossa Sylvii
zerstört haben und auf den äusseren Chiasmawinkel drücken. Auf
den ersten Blick erscheint dies sehr bestechend, nun sind aber
bei Sectionen von Hemiopieen ohne Aphasie, (mit solcher sind
noch keine gemacht) Blutextravasate an dieser Stelle nicht gefunden
worden, ebenso wenig in den meisten Fällen von Aphasie. Auch
erhält das Chiasma kein Blut von der art. foss. Sylvii, so dass
es durch eine Embolie derselben mit betroffen werden könnte.
Weiter spricht dagegen, dass zwischen dem Chiasma und der
dritten Stirnwindung, die Entfernung zwar keine deutsche Meile
beträgt, aber doch eine ganz anständige ist, so dass das Blutextravasat zum Mindesten sehr massig sein und wenn nicht das

---

1) Mackenzie, S. 745.

Leben gefährden, so doch Hirndruckerscheinungen hervorrufen
müsste. Solche fehlen aber gänzlich, die Symptome sind bei dieser
Affection gar nicht bedeutend.

Vor Allem aber ist entscheidend, dass immer Lähmung des
gegenüberliegenden Facialis und der gegenüberliegenden Körperhälfte vorhanden ist, die entschieden auf cerebralen Sitz deuten.

Hiermit halte ich die Ansicht Mandelstamm's für erledigt
und versuche selbst, den Ort der cerebralen Hemiopie zu bestimmen.
Meine Erklärung hat Gültigkeit für Semi- und Totaldecussation,
im letzteren Falle muss ein entsprechender Faseraustausch im Gehirn selbst stattfinden.

I. Vier Fälle sind beobachtet in welchen sich fand: Aphasie
rechtseitige Facialis- und Körperparese und rechtsseitige Hemiopie.
In den zwei Fällen Bernhardt[1]) blieb die Hemiopie bestehen,
die Asphasie ging zurück. Die Hemiplegie blieb bei dem einen
Patienten bestehen, bei dem anderen war sie von Anfang an nur
geringen Grades und verschwand vollständig. Letzterer klagte
auch über heftige Kopfschmerzen in der L. Schläfengegend.

Sanders[2]) Patientin bekam während der Schwangerschaft
wiederholte Schlaganfälle, deren schliessliches Resultat das erwähnte
war und bestehen blieb. Meinen Fall siehe oben Nr. (22, XIII).

II. Zwei Fälle von Aphasie rechtsseitiger Facialis- und
Körperlähmung resp. Krämpfen in diesen Gebieten.

Wernher's[3]) Fall war die Folge eines Sturzes. Vor dem
oberen Theile der L. Ohrmuschel befand sich eine Knochen-
depression von der Grösse eines Fünfgroschenstücks. Gequetscht
waren die dritte Frontalwindung, wo sie sich um den Sulcus centralis
herumschlägt und der mittlere Theil der ersten Temporalwindung.

Loechner's[4]) Fall zeigte eine Fissur des Stirnbeins bis

1) Berliner klin. Woch. 1872, S. 381.
· 2) Archiv f. Psychiatr. II 1, S. 60, Nr. 9.
3) Arch. f. path. Anat. LVI 3, 289.
4) Zeitschrift f. Psychiatr. XXX 6, 635. Vergl. noch:
Begbie u. Sanders, Edingb. med. Journal 1866, 122. — Callender,
London med. chir. trans. 1871, Vol. 54, S. 133, nur zur Localisation des
Extremitäten- und Facialiscentrums. — Hitzig, Arch. f. Psychiatr. III (Fa-
cialiscentrum). — Simon, Berlin. klin. Woch. 1871, S. 598. Beob. V ebenso,
endlich die Literatur über Aphasie in Walker, Verstopfung der Hirnarterien.
Dissert. Zürich. 1872.

über die L. Coronalis in's Scheitelbein hineinreichend, verursacht durch eine Schussverletzung. Die Dura war entsprechend mit Eiter belegt und mit dem Stirnhirn verwachsen.

Ich greife diese beiden Fälle heraus, weil bei ihnen die Localisation absolut sicher ist, da sie traumatischer Natur sind.

III. Ein Fall von rechtsseitiger Facialis- und Körperlähmung und rechtsseitiger Hemiopie, in welchen die Lokalisation sicher ist, da ein Trauma vorliegt, daran schliesst sich ein Fall von demselben Beobachter und andere von mir und Schiess, wo die Störungen ganz dieslben sind, auf den Sitz des Uebels aber nur geschlossen werden kann. Bei den letzteren fehlt die Aphasie vielleicht nur, weil die Hemiopie Facialis- und Körperlähmung linksseitig waren. Vergl. auch Nr. (21, XII).

Keen und Thomson[1]): Ein Soldat erhielt einen Schuss in den Kopf. Die Kugel trat über der Protuberantia occipit. extern. ein und weiter oben, links von der Mittellinie aus. Der Verwundete war mehrere Monate bewusstlos und auf der ganzen rechten Seite gelähmt. Es bildete sich fungus cerebri, der mehrmals abrasirt wurde. Die Lähmung verlor sich gänzlich, doch ist grosse Gedächtnissschwäche, Neigung zu Schwindel geblieben. An der Austrittsstelle der Kugel befindet sich eine Vertiefung von $1^{1}/_{2}\square''$ Ausdehnung und $1''$ Tiefe.

Auf dem R. Auge ist S. 1. L. $^{2}/_{3}$. Die Herabsetzung L. ist einer leichten Trübung der Hornhaut zuzuschreiben. Die Prüfung des Gesichtsfeldes zeigt rechtsseitige Hemiopie, vollständig scharf in der Mittellinie abschneidend. With the right eye it is not possible to determine the spot of Mariotte, — since the insensitiveness of the retina in that eye commences at the inner margin of the macula lutea and extends to the entire inner half of the retina. With the left eye that portion of the retina between the optic nerve entrance and the macula is found normal in sensitivness. Ophthalmoskopisch war der Befund negativ.

Der zweite Fall betrifft einen 55jährigen Mann mit partieller Lähmung der linken Körperhälfte. Es findet sich linksseitige Hemiopie. entsprechend Lähmung der rechten Retinahälften. Die Grenzlinien sind senkrecht.

Nr. (24, ♀). G., 55 J. 26/71. Leidet schon seit 12 Jahren an Herzklopfen, intermittirendem Aortalleiden. Seit 25 Jahren Hämorrhoidalblutungen. Viel Flimmern vor den Augen, kein Kopfschmerz.

Vor zwei Jahren Schlaganfall. Linksseitige Körperparese und leichte Oculomotorinsparese. Schwankt stark bei geschlossenen Augen und Füssen, starker Schwindel, sonst kräftiger Gang. Atheromatöse Ar-

---

1) Transactions of the American Ophth. Society 1871. S. 123.

terien. Patient hat schon längst bemerkt, dass er Individuen, die von Links kommen, nicht sieht. Keine Diplopie.

L. M. $^1/_{60}$. S. $^5/_6$ — 1 R. E. S. $^5/_6$. Pr. $^1/_{15}$.

Linksseitige Hemiopie, entsprechend partieller Lähmung des rechten Tractus.

Ophth. L. ist atrophischer Bügel, R. ein kleiner atrophischer Fleck über dem Opticus vorhanden. Beide Optici durchgängig trüb und blass. Schema ζ. Im R. Auge betraf der Ausfall die gleiche Partie.

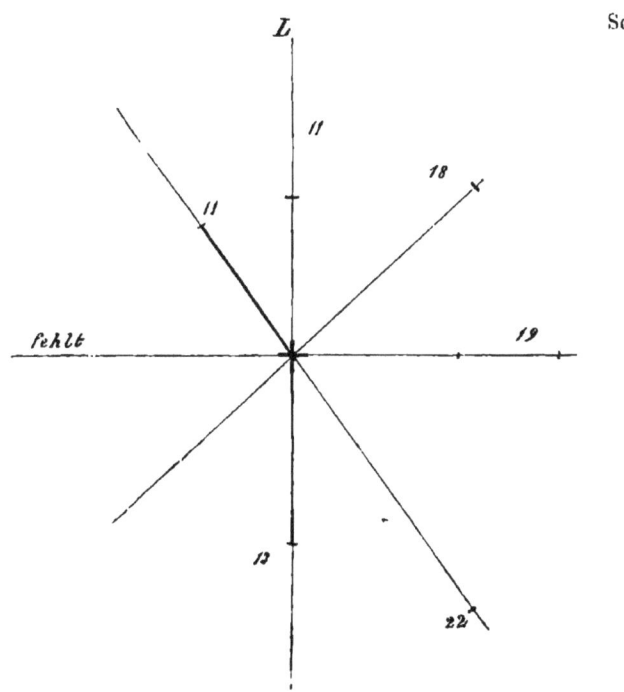

Schema ζ.

Dann ein von Schiess[2]) beobachteter Fall.

Leichter apoplectischer Insult. Am folgenden Tage wurde Verziehung der linken Gesichtshälfte bemerkt. Der Befund ergab linksseitige Facialislähmung, linksseitige Hemiopie. Die übrigen Hirnnerven sind intact. Dagegen wird über Schwäche in der ganzen linken Körperhälfte geklagt. Es wäre unmöglich anzunehmen, dass zwei so weit von einander entfernte Nerven wie Opticus und Facialis durch einen basalen Process afficirt wären, ohne dass die zwischenliegenden Nerven mitbetroffen würden. Daher ist eine Heerderkrankung in der rechten Hemisphäre anzunehmen.

1) Zehender, klinische Monatsblätter 1867, S. 322.

Endlich mögen hier noch zwei Fälle Platz finden, wo ausser der Hemiopie nur ein heftiger, auf die Stirn- und Schläfengegend localisirter Kopfschmerz vorhanden war, der vielleicht auch auf den Ort der Laesion deutet. Vergl. auch Nr. (20, XI).

Nr. 25. Fr. B., 64 J. Giebt an, vor 4 Wochen bewusstlos umgefallen zu sein. Vor dem Anfall hatte sie längere Zeit starken Schwindel und litt an Verstopfung. Die Abnahme des Sehvermögens trat damals im Verlauf von 2 Nächten ein, mit starken Kopfschmerzen auf dem rechten Stirn- und Scheitelbein, und grosser Müdigkeit. Liest mühsam Worte von Nr. 8., mit convex 10 von Nr. 6. Nach Behandlung mit Schröpfköpfen R. von Nr. 3., L. von Nr. 2. Das Gesichtsfeld bleibt sich gleich.

Es fehlen die linken Hälften beider Gesichtsfelder und zwar ist die Grenzlinie scharf und verläuft etwas jenseits des Fixationspunktes.

Nr. 26. G., 49 J. alt, leidet sehr viel an Schwindel und Kopfschmerz, namentlich in der Stirngegend. Schlaf gut. Abnahme des Sehvermögens seit 14 Tagen.

S. L. $\frac{1}{2}$. R. $\frac{1}{3}$. Beginnende Presbyopie R. 3 hintere Synechieen. Beide Papillen weiss atrophisch. Rechtsseitige Hemiopie mit symmetrischem Ausfall auf beiden Augen

Fassen wir zusammen:

I. Aph. R.seitige Hemiplegie R. Hemiopie 4 Fälle.
II. „ R. „ „ 2 „ mit sicherer Localisation.
III. R. „ „ R. „ 1 Fall sicher lcoalisirt.
IV. L. „ „ L. „ 4 Fälle.
R.(L.) „ 2 Fälle mit fixem Kopfschmerz.

Diese ganze Reihe von Fällen zeigt in der Entwickelung und im Verlauf einen so durchaus ähnlichen Charakter, dass ihre Zusammengehörigkeit wohl keinem Zweifel unterliegt. Da die Localisation in den Fällen der Symptomengruppe II und III sicher ist, so sollen sie uns dazu dienen, den Ort der Laesion im Gehirn für die der I. und IV. Gruppe festzustellen. Diese Gruppen sind wahrscheinlich gleichwerthig, in der IV. fehlt die Aphasie vielleicht nur, weil die R. Hemisphäre betroffen ist. Nun sehen wir, dass die Facialis- und Körperlähmung auf einer Seite, den Mittelpunkt bildet, an welche sich nach der einen Richtung hin die Aphasie nach der anderen die laterale Hemiopie anschliesst. Bei der zweiten Gruppe war das Stirnhirn betroffen, im ersten Falle die dritte Frontalwindung, wo sie sich um den Sulcus centralis herumschlägt, im zweiten war die Dura mit dem Stirnhirn verwachsen. Die Knochenverletzung reichte nur wenig über die Co-

ronalis in das Scheitelbein hinein. Bei dem Fall der dritten
Gruppe war die Eintrittsöffnung (der Kugel) einen Zoll über der
Protuberantia occip. ext., die Austrittsöffnung auf der Mitte des
Scheitelbeins. In der Verbindungslinie müssen der Reihe nach
die Centren liegen, vorn das der Aphasie, hinten das der Hemiopie,
in der Mitte das der halbseitigen Lähmung.

Nach Hitzig [1]) liegen beim Affen und wahrscheinlich auch
beim Menschen, die Centren für Extremitäten Facialis und wohl
auch die Augenbewegungen in dem gyrus praecentralis. Das Centrum
für die Hemiopie, um mich kurz auszudrücken, müsste also etwa
im gyrus postcentralis liegen in der Nähe der Längsfurche.

Geht die Laesion mehr nach vorn und unten, so gesellt sich
Aphasie, geht sie mehr nach hinten und oben, so Hemiopie zur
Hemiplegie.

Die Art. foss. Sylvii versorgt alle diese Centren durch besondere Aeste und das Bild wird jedes Mal ein anderes sein, je nachdem der eine oder der andere Ast oder der Stamm selbst ver-
stopft oder durch vasomotorische Einflüsse verschlossen wird.

So erklärt sich auch die Hemiopia fugax, die so häufig bei
Schwangern vorkommt, indem sie sich unmittelbar anschliesst, an
die Fälle bleibender Hemiopie wie (20, XI) und den Fall Sander's,
die ebenfalls während der Schwangerschaft aufgetreten sind. Im
Falle (20, XI) waren die vasomotorischen Störungen sehr ausgesprochen. Ich glaube also annehmen zu dürfen, dass laterale
Hemiopie auf einen Heerd in der Grosshirnrinde, wahrscheinlich
im Gyrus postcentralis hinweist, und dass die Verletzung des hier
gelegenen Centrums Lähmung der gleichseitigen Retinahälften also
gekreuzte Hemiopie verursacht. Der Austausch der Fasern zu
den betreffenden Retinahälften, muss, wenn nicht im Chiasma als
Semidecussation, so im Hirn selbst stattfinden.

Es scheint mir nicht unwahrscheinlich, dass in den Vierhügeln sich ein Centrum für jedes Auge allein befindet, in dem
erwähnten Gyrus dagegen die Ordnung der Eindrücke nach dem
Raume stattfindet. [2])

1) Berliner klin. Woch. 1874. Nr. 6.
2) Ich hebe noch einmal hervor, dass diese Ausführung nicht gegen die

Diese Form von Hemiopie, die also durchaus nicht immer Ausfall der ganzen Hälften, wohl aber genau symmetrischer Theile voraussetzt, könnte man als Cortexatrophie von den übrigen sondern.

Aus der Literatur sind, die laterale Hemiopie betreffend, noch folgende Beobachtungen nachzutragen.

Einen hierher gehörenden Fall theilt Engelhardt[1]) aus der v. Graefe'schen Klinik mit.

Ein apoplectischer Insult führte linksseitige Hemiplegie und Hemiopie mit sich. Der Sitz des Leidens ist in der rechten Hemisphäre zu suchen.

Mauthner: Fall von leichter Apoplexie mit rechtsseitiger Facialis- und rechtsseitiger Körperparese und rechtsseitiger Hemiopie (Lähmung der linken Retinahälften). Die Trennungslinie war scharf und senkrecht. Er hebt besonders das Verhalten der Papillen hervor, die Rechte, in welcher der Fasciculus cruciatus afficirt war, war grau, die Linke eher geröthet. (a. a. O., S. 16.)

Ausserdem gehört noch hierher ein Fall von Derby[2]): Cerebral hemiopia occurring on similar sides, stationary, resulting from an apoplectic atack. mit Hemiplegie derselben Seite, welche zurückging. Ophthalmoskopischer Befund und Farbensinn normal. Die Hemiopie blieb.

Mooren[3]) beobachtete in Folge von Apoplexie des rechten resp. linken Tractus opticus, Lähmung einmal der rechten, zweimal der linken Netzhauthälften.

Berthold[4]) giebt die kurze Notiz, dass er zwei Fälle von Hemiopie beobachtet habe, den einen mit linksseitiger Anaesthesie, den anderen mit Aphasie complicirt.

Colsmann[5]) beobachtete Lähmung der linken Netzhauthälften, die stationär blieb, nach Typhus. Er nahm als Ursache eine Periostitis oder Pachymeningitis an.

Totaldecussation gerichtet ist, sondern gegen die Gründe, die sie beweisen sollen und gegen die Theorie der Hemiopie, die auch, wenn die vollständige Kreuzung besteht, unrichtig ist. Unstreitig passt ja die letztere besser zu den Regeln der vergleichenden Anatomie, von denen es eine bedenkliche Ausnahme wäre, wenn beim Menschen und einigen Thieren, bei denen noch nicht einmal das ganze Gesichtsfeld ein gemeinsames ist, also kein principieller Unterschied von der Einrichtung bei den übrigen Thieren besteht, plötzlich eine solche Abweichung im anatomischen Bau auftreten sollte.

1) Zehender, klinische Monatsblätter 1865, S. 215.

2) The medical Record. p. 366. Oct. 16. 1871.

3) Ophthalm. Beobachtungen, S. 303.

4) Berliner klin. Wochenschrift 1871, S. 46.

5) Berliner klin. Wochenschrift 1870, S. 388

Alle diese Fälle stehen in vollständigem Einklange mit der Annahme eines Heerdes in einer Hemisphäre, wie sie ursprüngliche v. Graefe machte und wie ich sie entgegen den Ausführungen Mandelstamm's oben vertheidigt habe.

Wenn die Semidecussation richtig wäre, so wäre noch eine andere Möglichkeit des Entstehens von Hemiopie, nämlich durch Laesion eines Tractus gegeben. Unzweifelhafte Sectionen der Art liegen noch nicht vor und muss dieser Punkt unentschieden bleiben.

Laterale
Hemiopie durch
Leitungs-(Basal-)
Atrophie.

Alexander [1]) beschreibt einen Fall von linksseitiger Hemiopie und rechtseitiger Facialisparese, bei einer Kranken, wo auch andere Symptome, besonders sehr heftige Kopfschmerzen ein Hirnleiden vermuthen liessen. Hier ist allerdings der Sitz des Leidens an die Basis zu verlegen. Es kann ein Process nicht den Facialis lähmen und zugleich auf das Chiasma drücken, vielmehr ist eine Affection des rechten Tractus opticus bei seinem Austritt aus dem Cerebrum wahrscheinlicher oder es ist ein doppelter Heerd anzunehmen.

Im Allgemeinen ist, die Prognose gleichseitiger Hemiopieen quoad caecitatem, wie gesagt günstig, quoad restitutionem hängt sie von der Art des zu Grunde liegenden Uebels ab, eine Apoplexie kann sich resorbiren, ein Tumor verschwindet nicht wieder. Es ist dagegen einleuchtend, dass, wenn der Process an der Basis sich befindet, er allmälig auch den anderen Tractus resp. nervus in Mitleidenschaft ziehen kann.

Solche Hemiopieen würden sich von den zu beschreibenden temporalen nur in der Richtung des Ausfalls im Gesichtsfelde nicht im Wesen unterscheiden, und keinen Anspruch auf die relativ günstige Prognose der so eben besprochenen Cortexatrophie haben: Auf die Verschiedenheit der Gesichtsfelder kommen wir noch bei den temporalen Hemiopien zu sprechen.

Sie verhalten sich zu einander wie das Gesichtsfeld VIII zu X. Die Ausdehnung der Farbengrenzen zeigt deutlich, dass es sich um keine Totalatrophie handelt, doch ist die zunächst an den Defect anstossende Partie in geringem Maasse durch Fortleitung des Druckes beeinträchtigt.

Müsste man sich umgekehrt für vollständige Kreuzung entscheiden, so könnte in einzelnen, gewiss aber sehr spärlichen Fällen, laterale Hemiopie in der von Mandelstamm supponnirten Weise entstehen. Von ihnen würde dasselbe gelten, was ich soeben über Hemiopieen in Folge von Basalprocessen gesagt habe.

_____

[1]) Zehender. klinische Monatsblätter. 1867. S. 88.

Im Falle Hjort (siehe unten) waren die rechten Retinahälften unempfindlich, die Ursache war ein Heerd in der rechten Chiasmahälfte. Sass derselbe mehr nach hinten, so dass er den Rechten tractus bei seinem Eintritt vernichtete, so wäre die Erklärung in Uebereinstimmung mit der Semidecussation gegeben, sass er dagegen in der Mitte des äusseren Winkels, so spräche der Fall für völlige Kreuzung. So genau sind wir aber über den Sitz der Laesion nicht unterrichtet.

Hjort[1]): Die Symptome waren:

1. Vollständige Leitungsunfähigheit der rechten Retinalhälften beider Augen und eine zunehmende Amblyopie des übrigen Theils der rechten Retina.

2. Atrophie der rechte Papilla nervi optici.

3. Progressive Parese des rechten Oculomotorius.

4. Parese des rechten Facialis.

5. Schmerzen im Kopfe, besonders in der rechten Hälfte.

6. Hochgradige Taubheit des linken Ohres, abgestumpfte Empfindung des rechten.

Das Uebergreifen der Lähmung auch auf die linke Hälfte der rechten Retina macht die Verlegung des Processes in oder dicht hinter das Chiasma nothwendig. Bei der Section fand sich wirklich ein erweichter haselnussgrosser Tuberkel in der rechten Hälfte des Chiasmas.

Aus diesem Falle erhellt, wie sehr man auf die von Graefe geforderte scharfe Grenzlinie oder die von mir betonte normale Ausdehnung der Farbengrenzen achten muss, um sich nicht zu einer günstigen Prognose am unrechten Orte verleiten zu lassen.

Der ophthalmoskopische Befund — R. war die Papille hyperämisch und verwischt — und die geringe centrale Sehschärfe von nur $1/50$ R. wiesen beide auf eine Complication der Partialatrophie mit Neuritis descendens hin (wie im Falle Nr. (23, ε) und damit auf einen dem Auge nicht allzufernen Heerd.

Bei Beobachtung lateraler Hemiopie durch Basalatrophie wäre Gewicht darauf zu legen, ob der Defect auf beiden Augen symmetrisch ist oder nicht. Ersteres spräche für Laesion eines Tractus und Semidecussation, letzteres für Laesion des äusseren Chiasmawinkels und vollständige Kreuzung.

1) Zehender 1867, S. 166.

Temporale Hemiopie.

Doppelseitige temporale Partial-(Basal-) Atrophie.

Ausser der gleichseitigen Hemiopie ist noch von der temporalen zu handeln, die übrigen gehören zu den ungenauen Beobachtungen oder verdienen sonst den Namen nicht. Wie die gleichseitigen haben sie das Verhalten der Farbengrenzen mit den partiellen Atrophien gemeinsam und gehören auch unter diese Rubrik. Es liegt ihnen eine Erkrankung zu Grunde, die ihren Sitz vor dem Chiasma zwischen beiden Opticis hat. Entweder handelt es sich um einen Tumor oder um eine syphilitische Periostitis. Diese beeinträchtigen die ihnen zunächst liegenden fasciculi cruciati und bewirken den Ausfall des beidseitigen temporalen Gesichtsfeldes. Aus der Art des Vorgangs ergiebt sich schon, dass hier von einer scharfen Begränzungslinie nicht die Rede sein kann. Bei weiterem Wachsthum des Tumors z. B. wird der Druck sich auf die fasciculi laterales fortpflanzen und ein - oder sogar beidseitige völlige Erblindung eintreten können. Der fundamentale Unterschied zwischen der lateralen (Cortexatrophie) Hemiopie und der temporalen spricht sich auch darin aus, dass der Gesichtsfeldausfall bei letzterer in der Regel nicht gleich grosse Stücke beschlägt. Die temporale Hemiopie ist immer Leitungs-(Basal-)Atrophie. Günstiger als für die progressive Atrophie ist die Vorhersage dagegen doch und darum ist das Verhalten der Farbengrenzen hier wiederum von grosser Wichtigkeit. Liegt eine syphilitische Erkrankung vor, so eröffnet sich die Aussicht auf eine erfolgreiche Therapie. Ein Tumor gestattet wenigstens oft langsamen Verlauf.

Saemisch [1] hat einen Fall von Tumor mit lateraler Hemiopie mitgetheilt, in welchem die Diagnose durch die Section bestätigt wurde. Der Patient hatte Kopfschmerzen, unruhigen Schlaf, beschleunigten Puls. Zunächst war das Gesichtsfeld normal, S. auf $\frac{1}{20}$ gesunken. Unter Behandlung mit Heurteloup sank S. sogar bis auf qualitative Lichtempfindung, dann hob sich das Sehvermögen wieder etwas und jetzt ergab die Gesichtsfeldmessung Fehlen der beiden lateralen Hälften. Die Grenzlinien verliefen

---

1) Zehender 1865, S. 51.

ziemlich senkrecht, etwas nach aussen vom Fixirpunkt, die nächste Partie nach aussen hatte noch undeutliche Perception.

Allmälig stieg S. R. auf $^1/_2$, L. auf $^1/_{20}$, die Gesichtsfeldanomalie blieb dieselbe. Da für Syphilis keine Anhaltspunkte vorlagen, wurde die Diagnose auf einen Tumor gestellt, welcher zuerst beide Nervi optici comprimirte, später sich zwischen dieselben einschob und nur auf die fasciculi cruciati drückte. Diese Ansicht bestätigte sich, als nach einem Jahre der Kranke unter den Erscheinungen einer Meningitis starb. Man fand ein taubeneigrosses Sarcom vor dem Chiasma und ein anderes unabhängig davon am Pons.

Vorstehender Fall erläutert am besten die in Rede stehende Krankheitsform, da er durch die Section abgeschlossen ist.

Nach anderer Richtung hin kann folgender Fall als typisch gelten; obgleich das Uebel jetzt 14 Jahre dauert, erfreut Patientin sich sonst anscheinend einer guten Gesundheit.

Nr. 27. Fr. B—A., 42 J., kam zuerst im October 59 zur Untersuchung. Seit ihrem 36. Jahre ist sie nicht mehr menstruirt, nachdem sie damals an einer höchst gefährlichen Metrorrhagie während längerer Zeit gelitten hatte.

Sie hat vor kurzer Zeit bemerkt, dass sie mit dem linken Auge von fixirten Gegenständen nur die rechte Hälfte sah. Nach einer Kur in Homburg, im Jahre 60, verlor sich dies Symptom, um jedoch bald darauf auf beiden Augen wiederzukehren, in der Weise, dass die beiden inneren Retinahälften gelähmt waren und nur mit beiden Augen ein Gegenstand ganz, mit jedem Auge einzeln dagegen derselbe nur zur Hälfte gesehen wurde. Im Jahre 61 war der Zustand derselbe. Sie behielt genau die halben Gesichtsfelder, scharf abgegrenzt. Gebrauch von Karlsbader und Homburger Wasser bewirkte, dass sie mit einem Auge kleinere Gegenstände wieder als Ganzes sehen konnte — ein Erfolg, der sich aber leider nicht lange hielt.

Im Jahre 63 war der Befund folgender.

Linkes Auge. Während früher die äussere Hälfte des Gegenstandes, den Patientin betrachtete, bei geschlossenem rechten Auge, gänzlich und scharf in der Mitte abgeschnitten fehlte, löst sich jetzt das Bild auf der äusseren Seite in ein unbestimmtes nebeliges auf.

Rechtes Auge. Früher war das Bild ebenfalls scharf abgeschnitten, die Glocke einer Lampe wurde nur halb gesehen. Jetzt ist das Gesichtsfeld grösser und fehlt an den Gegenständen nur die obere Ecke.

Patientin lebt heute noch und soll der Zustand noch derselbe sein. Ausser dem Umstande, dass eine Zeit lang die Grenzlinien scharfe waren, ist noch das Schwanken in der Ausdehnung der Beschränkung hervorzuheben, was auf die Verschiedenheit von der gleichseitigen Hemiopie hinweist.

Nr. 28. Frl. F., 34 J. 31/III. Seit zwei Jahren Undeutlichsehen.
Bdsts. fehlt die innere Retinahälfte. Die Hemiopie ist nach heftigen
Kopfschmerzen entstanden, nachdem seit 10 Jahren die Menstruation
aufgehört hatte.

G H. L. S. $^{10}/_{15}$. R. S. $^{10}/_{12}$.

Beginnende Pr. L. fehlt die äussere Gesichtsfeldhälfte ganz.

R. nur der obere äussere Quadrant.

Mehrere Jahre später ist der Zustand noch derselbe.

In den beiden folgenden Fällen wurden auch die Farbengrenzen festgestellt. Dieselben zeigen ein ähnliches Verhalten wie
bei der gleichseitigen Hemiopie, sie treten nahe am Rande auf,
als Zeichen, dass im erhaltenen Gesichtsfelde die excentrische
Sehschärfe noch auf normaler Höhe steht: doch auch nicht unmittelbar am Rande, es giebt eine intermediäre undeutlich sehende
Partie, weil die Ursache des Processes, indem sie eine Reihe Fasern
völlig unthätig macht, auch schon die nächstliegenden beeinträchtigt. Aehnliches zeigt auch der Fall Nr. (18, X) mit Bajonnettstich-
verletzung.

Nr. (29, XIV). Rosine W., Weberin, 49 J. 21/71. Viel Kopfschmerz. Obstipation. Hat oft Nächte hindurch gearbeitet; 20 Jahre
kein Fleisch gegessen; seit 2 Jahren Menses verloren, die sie früher
alle 3 Wochen sehr reichlich, jedes Mal 8 Tage hindurch hatte. Patientin
schiebt dies dem Treten beim Weben zu; früher war weisser Fluss vorhanden,
doch nicht stark. Rheumatische Schmerzen. Nie Ausschlag, keine Geschwüre. keine Knochenschmerzen. — Nur Leistendrüsen geschwellt und
hart. sonst keine Zeichen von Syphilis.

Der Mann hatte Tripper und Geschwüre im Munde, die immer
wiederkamen und geätzt wurden.

R. E. S. $^1/_2$. L. M. $^1/_{48}$. S. $^1/_7$—$^1/_5$.

Bdsts. Opticus sehr blass, flache nicht glaukomatöse Excavation.
Das Gesichtsfeld zeigt beiderseits Ausfall des äusseren oberen Quadranten.

Als Wahrscheinlichkeitsdiagnose wird eine Periostitis syphilitica
angenommen, die die unteren inneren Fasern beider Sehnerven in ihrer
Function beeinträchtigt.

Nr. (30, XV). 51 J. 26/XII. Seit 1 Jahr Abnahme der Augen;
viel Kopfweh. Seit 6 Monaten arbeitsunfähig. Ausfallen der Haare.

Beide Hände schwach. Gehör bdsts. schlecht. Uhr nur dicht am
Ohr gehört. Syphilis nicht nachzuweisen. R. Bulbus resistent.

S. R. $^1/_7$. L. $^1/_{10}$.

Ophth. R. Opticus blaugrau, Gefässe geschlängelt, äussere Hälfte
excavirt. Arterienpuls leicht hervorzurufen. L. weniger graublau. Gefässe
nasal noch ansteigend. stark geschlängelt und mit Streifen begleitet.

Atrophia post neurit. (R. complic. mit Glaucom?)

Ausfall von 3 Quadranten. Farben dicht am Rande auftretend. 1. grosser Zwischenraum zwischen der Aussengrenze und den Farbengrenzen, entsprechend der Druckerhöhung im R. Bulbus.

Einen ähnlichen Fall theilt Mackenzie[1]) mit, in welchem zugleich der Geruchsinn fehlte.

Müller's Fall zeichnete sich durch scharfe vertikale Grenzlinien aus, er verlief letal. Es fand sich eine Geschwulst vor dem Chiasma. Im Falle Löwegrens war nur auf dem einen Auge die Grenzlinie scharf. Bei Wecker's Falle handelte es sich um zeitweilig wiederkehrende temporale Hemiopie, mit scharfer Grenzlinie. Löwegren und Mackenzie nahmen ebenfalls einen Tumor an. Wecker meint, dass es unlogisch wäre, für temporale scharfabschneidende Hemiopie eine Compression der mittleren Partie des Chiasmas voraussetzen zu wollen, glaubt vielmehr, dass es sich in seinem Falle um eine vorübergehende Anaemie symmetrischer Gehirntheile handeln könne. Dies scheint nicht wahrscheinlich.

v. Graefe's Fall, mitgetheilt von Engelhardt, betraf eine Frau von 36 Jahren. Auswärts vom blinden Fleck fehlte jede Lichtempfindung, zwischen demselben und dem Fixationspunkte waren nur undeutliche Wahrnehmungen. Patientin litt an Polyurie, die sich nach Tra. ferri sesq. verlor.

Da die Beschränkung sich vollständig zurückbildete und noch nach einem Jahre die Patientin voller Gesundheit genoss, auch Syphilis nicht da war, so wurde eine circumscripte Pachymeningitis als Ursache angenommen, wahrscheinlich herrührend von einem früheren Puerperium.

Fügen wir unsern 4 Fällen und diesen 6 schon von Mauthner angeführten noch bei:

Del Monte,[2]) Emiopia incrociata e diabete insipido per pachi-

---

1) So ziemlich die ganze Literatur findet sich in Mauthner's Aufsatz Oestr. Zeitschr. f. II. 1872 angeführt:

1. Mackenzie. A practical treatise on the diseases of the eye. 1835. pag. 892. — 2. v. Graefe's Archiv VIII. I. 1861. pag. 160. D. E. Müller. — 3. Zehender's Monatsblätter 1865. pag. 51. Saemisch. — 4. —— pag. 268. v. Graefe. — 5. Hygiea 13 B. N. 5. Mai 5. (Virchow's Jahresbericht 1868. II. pag. 498. Löwegren. — 6. Wecker. Traité des maladies des yeux 1866. II. pag. 384.

2) Citirt in Nagel's Jahresbericht für 1871, S. 290. Del Monte. Osservazioni e note cliniche, S. 77, und Movimento 1869, Nr. 12.

meningite externa sililitica circoscritta, und die kurzen Referate Mooren's[1]) über 3 von ihm beobachtete Fälle, — der erste betraf ein junges Mädchen, das später an einem encephalitischen Processe zu Grunde ging, der zweite, bei einem jungen Bauern, entwickelte sich unter den Symptomen eines Tumors, Kopfweh, Erbrechen, Schwindel, Betäubung und Stauungsphänomenen an den Papillen. Die fortschreitende Abnahme der Sehfähigkeit in den beiden äusseren Netzhauthälften in der Richtung von innen nach aussen zu, liessen über die wachsende Ausdehnung des Tumors gar keinen Zweifel. Im dritten Falle war die Grenze scharf, „wie mit dem Lineal geschnitten", — so wären wir mit der Casuistik dieser Form zu Ende.

Soviel geht allerdings aus derselben hervor, dass eine scharfe Halbirung des Gesichtsfeldes hierbei vorkommen kann, gewiss aber nur vorübergehend. Häufig wird in nächst angrenzenden schenden Gebieten die Sehschärfe etwas herabgesetzt sein, wie dies in unseren beiden Gesichtsfeldern das Zurücktreten der Farben andeutet, verglichen mit dem Gesichtsfelde gleichseitiger Hemiopie.

Der von Graefe[2]) statuirte Unterschied zwischen beiden Formen bleibt gewiss bestehen. Er sagt: „Während bei der gleichseitigen Hemiopie (d. h. nur bei der Cortexatrophie) die Fortwirkung derselben Krankheitsursache nur die Hemiopie vervollständigt, niemals aber zur Erblindung des einen oder beider Augen Veranlassung geben kann, so ist natürlich die Möglichkeit gegeben, dass eine an der Schädelbasis befindliche Ursache ihren Effect immer mehr auf beide Optici ausdehnt, die Grenze der fasciculi cruciati überschreitet, und zur völligen Aufhebung des Gesichtsfeldes führt. Andererseits kann auf jeder beliebigen Höhe des Uebels ein Stillstand oder selbst eine völlige Rückbildung eintreten, falls die Ursache des Uebels rückbildungsfähig ist." Wir haben oben gesehen, dass dies auch auf gleichseitige Hemiopie Anwendung finden kann, wenn nämlich der eine Tractus zwischen seinem Austritt aus dem Gehirn und dem Chiasma betroffen ist. Gewinnt der Process grössere Ausdehnung, so ergreift er auch den anderen

---

1) Mooren, Ophthalmiatrische Beobachtungen, S. 304. Berlin — Hirschwald.

2) Klinische Monatsblätter 1865, S. 273.

Tractus und kann zur völligen Erblindung erst des einen, dann beider Augen führen.

Von nasaler Hemiopie erwähnt v. Graefe[1]) einen Fall „aus cerebraler Ursache". Nähere Angaben fehlen. v. Graefe erklärt sich ausser Stande, eine anatomische Erklärung zu geben. Bei Gelegenheit der Kritik der Ansichten Mandelstamm's habe ich eine Reihe von demselben angeführter Fälle als ungeeignet zurückgewiesen. Mauthner ist über dieselben der gleichen Ansicht, er sagt: „Es wäre nämlich möglich, dass die Hirnaffection nur die beiderseitige Neuritis unmittelbar verschuldete und dass die nasale Hemiopie, die in einem gewissen Stadium der Krankheit zu beobachten war, darin ihren Grund hatte, dass in Folge einer bestimmten anatomischen Beschaffenheit (grössere Unnachgiebigkeit) — die individuell sein kann — der Lamina cribrosa an einer Stelle, an welcher die Fasern des ungekreuzten Bündels durchtreten, diese letztern durch die Schwellung des umgebenden Gewebes früher leitungsunfähig wurden, als die Fibrillen des fasciculus cruciatus." Vielleicht könnte man auch an stärkere Füllung der Ampullen auf der einen Seite denken.

Mooren[2]) berichtet von zwei Fällen, einer bei einem Knaben, bei welchem die Affection nach zwei Tagen verschwunden war, der andere mit allen Zeichen der Atrophie des Opticus. Den ersteren müssen wir unerklärt lassen, er scheint in das Gebiet der Anaesthesia retinae zu gehören, für den letzteren gilt gewiss auch die obige Erklärung.

Vergleicht man mit Nr. XIV und XV das Gesichtsfeld Nr. (13, VII), so sieht man in dem letzteren auch hauptsächlich temporale Einschränkung, aber als Zeichen, dass die Erkrankung den ganzen Opticus erfasst hat, nicht bloss auf einen Druck von aussen her zu schreiben ist, zeigt sich die bedeutende Einschränkung der Roth- und Grüngrenze. Aus derselben ersehen wir, dass der den Defect begrenzende Bezirk nur bedeutend herabgesetzte Sehschärfe besitzt. Wären in den obigen Fällen präsumptiver nasaler Hemiopie ebenfalls die Farbengrenzen festgestellt, so würde wahrscheinlich sich ein gleiches Verhalten ergeben und damit dargethan sein, dass

---

1) Archiv f. O. II 2, S. 287.
2) a. a. O, S. 364.

es sich hier um ganz etwas anderes handele, als bei den anderen
mit Recht so benannten Hemiopieen.

Endlich haben wir noch der bilateralen Hemiopie nach oben,
von welcher ein Fall sich bei Mauthner findet, Erwähnung zu
thun. Die Grenzlinien waren nicht scharf. Mauthner nimmt
eine flächenhafte Geschwulst an, die von unten her beide Optici
gleichmässig drückt. Einen ähnlichen Fall habe ich beobachtet.

Recapituliren wir kurz. Eine Ursache im Gehirn bringt
gleichseitige Hemiopie hervor, führt an und für sich nie zur voll-
ständigen Erblindung eines Auges. An der Basis hat hinter dem
Chiasma ein Process, der einen Tractus betrifft, ebenfalls gleichseitige Hemiopie zur Folge, schreitet er jedoch fort, so dass der
andere Tractus ebenfalls ergriffen wird, auch Erblindung. Vor
dem Chiasma kann ein raumbeengendes Etwas gleich auf beide
Optici oder nur auf einen oder anfänglich auf einen, im weiteren
Verlauf auf beide drücken und gänzliche oder theilweise Erblindung
eines oder beiden Augen herbeiführen.

Wenn ich also das Auftreten der Farben dicht am Rande des
Defects als ein günstiges ansehe, so geschieht es deshalb, weil
damit die Totalatrophie ausgeschlossen ist, im Besonderen ist die
Prognose aber von der Art des intracraniellen Processes abhängig.
So lange die Farbengrenzen an der Aussengrenze ausharren, ist
kein Weiterschreiten zu besorgen.

Gutartige Amblyopie.

Für die partiellen Atrophieen ist mithin ein scharfes Charak-
teristikon aufgefunden. Weit wichtiger ist noch die Unterscheidung
zwischen den gutartigen und bösartigen Amblyopieen und Amaurosen. Da die meisten gutartigen Amblyopieen bei fortdauernder
Ursache in die progressive Atrophie übergehen, — für die Intoxicationsamblyopie und die in Folge chronischer Diarrhoe und grosser
Säfteverluste steht dies fest, und auch für die Amblyopie ex anopsia soll nach den meisten Autoren die Sache sich so verhalten
— so stellt man die Frage vielleicht besser so: „Bis zu welcher
Höhe darf die Amblyopie schon vorgeschritten sein, um noch

Atrophia in-
cipiens.
Gutartige Am
blyopieen.

Rückbildung oder Stationärbleiben hoffen zu lassen?" Doch ist auch diese Fragestellung nicht die ganz richtige, denn es giebt Fälle von vornherein unaufhaltsam fortschreitender Atrophie, und es wäre sehr wichtig, wenn deren erste Anfänge etwas Charakteristisches an sich hätten.

Am Frühesten sind sie nun allerdings am Verhalten des Gesichtsfeldes kenntlich, im allerersten Beginn wird aber kaum auch auf Grund dieses Momentes ein sicheres Urtheil möglich sein. Leber hält die Farbenblindheit nicht für ein böses Omen, er glaubt, dass sie auch bei gutartigen Amblyopieen vorkomme. Es ist von vornherein nicht anzunehmen, dass, sobald die Grünempfindung z. B. verloren gegangen, gerade die Stufe erreicht sei, von welcher eine Rückkehr zum Normalen nicht mehr möglich, dass also die Grünempfindung die Grenze bezeichne, jenseits welcher alle Hoffnung aufzugeben sei.

Nach den Fällen, die mir bekannt sind, in statistischer Form kann ich leider dies nicht geben, da die Fälle nicht in gleichmässiger Weise untersucht wurden, gestaltet sich die Sache so, dass alle Fälle schlechte Prognose hatten, in welchen die Grünempfindung mangelte, ja nur in einigen Theilen des Gesichtsfeldes fehlte (vergleiche die oben bei der progressiven Atrophie mitgetheilten Fälle), ausgenommen solche Fälle, in welchen sich eine Intoxication durch Alkohol und Tabak entschieden nachweisen liess oder vielmehr das Vorhandensein dieses Momentes in dem ganzen Habitus des Kranken sich mit imponirender Gewissheit aufdrängte. Aber auch nur dann kann man eine günstige Beurtheilung für die Intoxicationsamblyopieen zulassen, wenn nach einigen Tagen vernünftigen Verhaltens sich die Farbenempfindung normal wiederherstellt.

Die Spectralfarben verhalten sich gerade so, wie die Pigmentfarben, nur verschwinden sie früher als diese und ist das oben Gesagte auf die letzteren zu beziehen. Die Empfindung der Spectralfarben kann sich auf Blau beschränken und doch wieder zur völligen Herstellung gelangen.

Oben sind schon eine Reihe Fälle maligner Natur mitgetheilt, theils von Anfang an progressiver Atrophie, theils Intoxicationsamblyopie, die jedoch zu solcher Höhe gediehen sind, dass an einer Besserung verzweifelt werden muss. Wir wollen jetzt sehen, wie

die heilbaren Amblyopieen aussehen und wie diese Heilbarkeit sich
im Gesichtsfelde ausspricht. Das Hauptcontingent der gutartigen
Amblyopieen stellt der Abusus spirituosorum et nicotianae, dann
kommt Amblyopia ex anopsia, in Folge Blei- und Chininintoxication,
Diarrhoe, Säfteverlusten u. s. w. Die beiden ersten muss ich als
Repräsentanten der ganzen Gruppe nehmen, da über die übrigen
genaue Angaben fehlen.

Die Normalität der Aussengrenze ist von keiner grossen Bedeutung, denn in mehreren der erwähnten Fälle war das Allgemein-
gesichtsfeld nicht beschränkt und doch die progressive Atrophie
schon theils deutlich ausgesprochen, theils in Entwickelung.

Nr. 31. M., 48 J. 10/V. Seit 7 Wochen stellte sich Abnahme des
früher guten Sehvermögens allmälig ein. Etwa seit 1 1/2 Jahren ist der
Appetit schlechter, der Schlaf unruhig träumerisch, unterbrochen. Ebenso
hat das Gedächtniss abgenommen. Patient trinkt mässig Wein, aber
regelmässig Schnaps und raucht, wenn auch mässig.

Rechte Pupille weiter als die linke. Tremor artuum et linguae.
Bdsts S. 1 2.

Ophth. Aeussere Hälften der Papillen undurchsichtig.

Das Gesichtsfeld war völlig normal, die Farbengrenzen
von normaler Ausdehnung.

Während der Behandlung am 12/V. delirirte der Patient, 21/V.,
wurde er entlassen mit S. 2/3 — 1.

Nr. 32. K., 54 J. 20/XII. Abnahme seit 1 1/2 Jahren. Patient ist
starker Potator, hatte im Frühjahr 70 Delirium tremens, welches aus-
brach, nachdem er längere Zeit vorher wenig gegessen, aber desto mehr
getrunken hatte.

Gesichtsfeld und Farbenempfindung völlig normal, kein
centrales Scotom nachzuweisen, auch nicht mit Farben.
Excentrisch wird nicht besser gesehen.

Nr. 33. T., 34 J. 24/VI. Seit einigen Jahren allmälige Abnahme der
Augen, rauchte sehr stark und trank viel schwarzen Kaffee. Appetit-
mangel, träumerischer Schlaf.

L. Finger in 9' R. in 5'.

L. Spectros. nur Blau und Gelb. Pigment. alle Farben.

R. Spectros. nur Blau. Pigment. auch Gelb.

Ophth. Bdsts. sehr bedeutende Stauung der Retinalvenen; daneben
starke porcellanartige Blässe der äusseren Hälften der Optici. Amblyopia
intoxicatoria. 14/V. Bdsts. S. 1/20.

L. Im Spectrum alle Farben. R. Grün allein schwierig.
Bdsts. alle Pigmentfarben.

Nach einer Kaltwasserkur 8/III. E. S. L. 1. R. 1/5 — 1/4.

Nr. 34. K., 52 J. 7/VI. Küfer. Seit 2 Jahren allmälige Abnahme
der Augen. Wenig Appetit; unruhiger Schlaf, raucht nicht sehr viel,

trinkt dagegen ziemlich viel starken Wein. Nie Kopfschmerz. Anaemisches Aussehen. Abnahme des Gedächtnisses. E. S. L. $^1/_3$. R. $^1/_6$. Bdsts. Optici in den äusseren zwei Dritteln sehr blass und opak, das innere nicht stark geröthet, aber etwas rosiger als die äussere Partie und ebenfalls trübe, Gefässe sehr schmal.

Im Spectroskop R. Gelb, Weiss, Blau. L. nur Weiss und Blau. Alle Pigmentfarben. Nach Behandlung mit Bädern und Karlsbader Salz:

26/7. Alle Farben im Spectrum mit Ausnahme des schmalen Streifens gelb. E. S. L. $^1/_3$. R. $^1/_5$—$^1/_4$.

3/71. E. S. L. $^2/_3$—$^5/_6$. R. $^1/_2$—$^2/_3$.

L. Opticus weisser als der R.

10/71. E. S. L. $^5/_6$ — 1. R. $^1/_2$.

Entwerfen wir nach den vorausgeschickten Krankengeschichten und nach den Meinungen anderer Autoren das Gesichtsfeld der Intoxicationsamblyopen.

v. Graefe[1]) sagt: Einfache Intoxicationsamblyopie bringt keine Gesichtsfeldbeschränkung mit sich, wenn sie nicht bereits zu beginnender Sehnervenatrophie geführt hat.

Erismann[2]) fand die Grenzen in allen (13) Fällen absolut normal, Von Scotomen war in keinem Falle etwas nachzuweisen. Er nahm somit an, dass keiner seiner Fälle zu progressiver Erblindung tendire.

Hirschler[3]) entwickelt dieselben Ansichten. Eine grosse Zahl der von Arlt[4]) als Retinitis nyctalopica beschriebenen Fälle scheinen mit Intoxicationsamblyopieen identisch zu sein. Bei ihnen erstreckte sich die Herabsetzung der Sehschärfe gleichmässig durch das ganze Gesichtsfeld, weder Unterbrechungen noch Einengungen waren vorhanden. Auch nach Leber[5]) verläuft die Mehrzahl der Fälle von Amblyopieen durch Missbrauch des Alkohols, Tabaks und anderer toxischer Mittel, in Folge schlechter Ernährung und Anaemie ohne Gesichtsfeldbeschränkung und ohne Scotom. Förster allein behauptet, dass bei den Intoxicationsamblyopieen nie ein centrales Scotom fehle, einen Punkt, auf den wir unten bei den Scotomen eingehen werden.

---

1) Klinische Monatsblätter 1871, S. 344.

2) Erismann, Intoxicationsambly. Dissert. Zürich. S. 21.

3) Archiv f. O. XV 3, S. 60.

4) Bericht über die Augenklinik der Wiener Universität. 1863—1865. Seite 124.

5) A. f. O. XV 2, S. 246.

Also um den Ausspruch zu thun, ein Fall sei eine gutartige Amblyopie, muss uns zunächst ein Gesichtsfeld mit normalen Aussengrenzen vorliegen. Dies allein genügt aber nicht, denn auch beginnende Atrophie hat noch normale Aussengrenzen, es muss auch annähernd normale excentrische Sehschärfe vorhanden sein, jedenfalls dieselbe nicht nach einer Richtung undeutlicher sein, als nach einer anderen.

Hier kommen uns die Farbengrenzen zu Hülfe. Ein Patient zählt noch Finger in 7 oder 8 Fuss und doch ist die Farbenempfindung und ihre Ausdehnung völlig normal. Dieser Umstand giebt eine gute Unterscheidung von der progressiven Atrophie und bedingt somit gute Prognose.

Ueber das Wesen der Intoxikationsamblyopie hat sich noch keine bestimmte Ansicht gebildet. Schon die Aehnlichkeit wies sie allerdings zu der Gruppe der Amblyopien in Folge schlechter Ernährung, Anämie, Säfteverluste, chronischer Diarrhöe u. s. w. Auch die therapeutischen Resultate begünstigen diese Anschauung, da die Intoxicationsamblyopien sich unter einfacher Behandlung des Magenkatarrhs und guter Nahrung zurückzubilden pflegen. Da man jetzt auch sämmtliche Erscheinungen des Delirium tremens auf die Inanition zurückführt, wird es wohl kein Fehlgriff sein, wenn man das Wesen der Intoxicationsamblyopie ebenfalls in der mangelhaften Ernährung sucht.

Fasst man dieselbe so auf, so kann man sich denken, dass der Stoffwechsel für die höheren Anforderungen der raumempfindenden Elemente in der Macula nicht genügt, dagegen wohl noch die excentrische Sehschärfe und die Farbenempfindung auf einer gewissen Höhe zu erhalten vermag.

Leber[1]) sagt übereinstimmend, in den meisten Fällen beschränke sich der pathologische Process, der ihnen zu Grunde liege, auf circulatorische Anomalien und Störungen der Ernährung und steigere sich nicht leicht zu wirklich entzündlichen Veränderungen und atrophischer Degeneration der nervösen Elemente.

Unter solchen Umständen ist die Prognose unbedingt günstig zu stellen. Jedoch hat Leber Recht, indem er annimmt, dass auch Amblyopien, in welchen schon Farbenblindheit hervortritt,

---

1) Archiv f. O. XV III. S. 59.

einer Rückbildung fähig sind. Doch ist diese mildere Beurtheilung, wie schon oben hervorgehoben, auf solche Fälle zu beschränken, in welchen nach wenigen Tagen verständigen Verhaltens, häufig nach einer Nacht guten Schlafes, durch welchen die Kranken sich von den Anstrengungen einer Reise u. s. w. erholen, die Farbenempfindung wieder normal ist, oder wo sie es am Morgen immer ist, dagegen gegen Abend schlechter wird, oder überhaupt bei hellerer Beleuchtung alle Farben erkannt werden. Man macht diese Beobachtung zu häufig, als dass man diese Wandelbarkeit der Symptome, wie wir einige Male bei der Atrophie gethan haben, einzig auf hellere Beleuchtung schieben könnte. Galezowsky[1]) sagt dasselbe: „Le dois dire pourtant que cette cécité (bei gewissen Formen von Intoxicationsamblyopien) est ordinairement peu stable et qu'elle varie d'un jour à l'autre; tantôt le sujet ne voit aucune couleur, tantôt après quelques jours du repos, il les distingue toutes." Gewöhnlich beschränkt sich bei der Intoxication diese vorübergehende Farbenunempfindlichkeit auf Grün.

Die Folge der schlechten Ernährung ist eine schnellere Ermüdbarkeit der nervösen Retinaelemente. Hieraus erklären sich die eben mitgetheilten Thatsachen und finden auch die sich zum Theil widersprechenden Angaben, dass solche Kranke nach einigen Autoren besser am Abend sehen sollen, nach anderen besser bei möglichst heller Beleuchtung, ihre Erledigung. Nachdem die Augen ausgeruht sind, also am Morgen, wird der Patient besser bei heller Beleuchtung sehen, war er aber längere Zeit heller Beleuchtung ausgesetzt, so wird die Ueberblendung und Ueberermüdung sich am leichtesten im Dunkeln verlieren. Auf das Gleiche kommt das Verhalten der Farben hinaus, welches Galezowsky[2]) sehr gut als Contrast bezeichnet: „Il arrive quelquefois d'observer chez les alcoolisées une autre forme toute particulière de dyschromatopsie morbide, qui est caractérisée par la persistance trop prolongée de chaque impression colorée sur la rétine, d'où résulte une confusion des couleurs, qui varie constamment. Ainsi ces malades reconnaissent très bien chaque couleur franche et même composée lorsqu'ils ont eu préalablement les yeux fermés pendant quelques

---

1) Annales d'Oc. 1871, Tom. 65, S. 232.
2) Annales d'Oculistique 1871, S. 227. Tom. 65.

instants. Mais aussitôt qu'ils ont fixés leurs yeux sur une couleur quelconque, sur le vert par exemple et qu'ils regardent ensuite sur le rouge ou l'orange etc., ils affirment voir le vert plus ou moins foncé. Laissez leur reposer les yeux en les fermant, et vous pouvez constater immédiatement qu'ils reconnaissent bien le rouge ou l'orange, mais pour conserver de nouveau pendant quelque temps cette dernière impression."

Die beiden ersten mitgetheilten Fälle sind typische: nichts Abnormes im Gesichtsfelde. Unten bei den Scotomen theilen wir einen Fall mit, wie wir sie soeben besprochen. Bei der ersten Untersuchung an einem Nachmittage, nachdem der Patient eben nach langer Fahrt ankam, erkannte er Grün nicht, am folgenden Morgen hatte er auch für Grün das weiteste Gesichtsfeld, was ich je gefunden. Auch der dritte der vorstehenden Fälle gehört hierher; zwischen der ersten und zweiten Untersuchung hatte keine Behandlung stattgefunden, nur Schonung und Diät war anempfohlen, bei der zweiten Untersuchung ist die Farbenempfindung fast völlig restaurirt. Jedoch stand die Farbenempfindung R. ursprünglich sehr tief, Patient sah nur noch Blau und Gelb, sodass wir das Gesichtsfeld sehr vermissen, (welches leider nicht aufgenommen wurde) behufs Entscheidung, ob die schliesslich erzielte Besserung Bestand erwarten lässt. Wäre eine Beschränkung für Grün vorhanden, so wäre nach meiner Ansicht die Prognose für dieses Auge schlecht zu stellen. Auch bei dem letzten Falle fehlt leider die Gesichtsfeldmessung.

Fälle, in welchen theilweise Farbenblindheit längere Zeit anhält, sind zur progressiven Atrophie zu rechnen.

In einem Falle von Bleiintoxication, welchen Dr. Schneller[1] mittheilt, findet sich ein ganz ähnliches Verhalten. Mehrere Male war Bleikolik vorausgegangen. Bei L. M. $\frac{1}{60}$, S. $\frac{11}{100}$, R. M. $\frac{1}{28}$, S. $\frac{12}{20}$ und leichten neuritischen Erscheinungen an der Papille, fand sich die Gesichtsfeldperipherie völlig frei. Farbenempfindung normal. L. centrales Scotom, in welchem dauerndes Flimmern herrschte, aber alle Farben erkannt wurden. *Bleiintoxication.*

Endlich haben wir hier die Amblyopia ex anopsia anzureihen, bei der wir vollständig dieselben Verhältnisse angetroffen haben, *Ex anopsia.*

---

1) Klinische Monatsblätter 1871. S. 241.

wie bei der Intoxikationsamblyopie, d. h. normale Aussengrenzen und Farbenempfindung, kein Scotom. Mir liegen viele dahin gehörende Gesichtsfelder vor, ich verzichte jedoch darauf, eins beizulegen, weil dieselben wirklich absolut normal sind.

Auch diese Erkrankungsform soll zur progressiven Atrophie führen können. Ich habe diesen Verlauf nicht beobachtet.

Auch nach v. Graefe sollen centrale Scotome bei derselben nie vorkommen. Dieselben wären auch bei dieser Erkrankungsform nicht denkbar und müssten, wenn sie vorkämen, schwer zu Gunsten der Schweigger'schen Ansicht, von der Praeexistenz der Amblyopie und dem Strabismus als Folge, in die Wagschale fallen. Denn durch den Strabismus hat die Macula ihre bevorzugte Stellung zur Seele eingebüsst, sie ist in die gleiche Lage, in welcher sich die Peripherie befindet, herabgesunken, aber jedenfalls doch nicht unter dieses Niveau. Sie empfängt alle Eindrücke in derselben Weise, wie die übrige Retina und der Nichtgebrauch könnte ein Sinken unter die Sehschärfe der Umgebung nicht erklären. Für die centrale Farbenempfindung ist der Zustand überhaupt kein bedeutend anderer.

Da nun wirklich nie ein Sinken der centralen unter die periphere Sehschärfe beobachtet wird, kann dies mit als Grund gegen Schweigger's Ansicht gelten.

***

Glaucom.

Glaucom. Von jeher hat man grosse Wichtigkeit auf das Gesichtsfeld beim Glaucom gelegt, sowohl beim inflammatorischen als auch und zwar hauptsächlich beim einfachen. Eine Anomalie des Gesichtsfeldes ist häufig, aber allerdings nicht immer das erste Zeichen der Erkrankung und geht oft dem Sinken der centralen Sehschärfe um längere Zeit voraus. Auch wo dies Symptom nicht Vorläufer ist, ist es doch von Wichtigkeit für Diagnose und Prognose.

v. Graefe[1] sagt: „Die allergrösste diagnostische Dignität erreicht die fragliche Anomalie offenbar beim chronischen Glaucom und bei jenen demselben sehr nahe stehenden Formen von Amau-

---

[1] Archiv f. O. B. II 2. S. 291.

rose, die wir bei alten Leuten mit sehr rigiden Arterien finden.
Zur Zeit, wo die Sehschärfe noch ziemlich normal ist und vielleicht
von dem ganzen Uebel, ausser einer verdächtigen Form der Papille,
noch keine Anzeichen vorhanden sind, weist uns eben die Undeut-
lichkeit des excentrischen Sehens in gewissen Richtungen auf das
bevorstehende Leiden hin. Auch hier ist die Grenzlinie, welche
die behafteten Theile abscheidet, meist gar keinen Gesetzen unter-
worfen; in der Regel läuft sie diagonal durch das Gesichtsfeld, so
dass z. B. der äussere-obere oder innere-untere Theil derselben
nur unvollkommen empfindet."

Haffmanns kommt zu dem Resultat, wie auch aus seinen
Tafeln erhellt, dass (fast) immer die Beschränkung auf der Innen-
seite beginnt, die äussere Netzhaut zuerst unterliegt, die innere
am längsten wiedersteht.

In weitaus den meisten Fällen tritt die Einschränkung zuerst
nach innen-oben auf, in der Weise, dass eine Diagonale von innen-
oben nach aussen-unten etwas jenseits des Fixationspunktes gezogen,
die erblindete Partie abgränzt. Nächst häufig ist die Beschränkung
nach innen-unten zuerst sichtbar, seltener nach anderen Richtungen.
Wird die Aussengrenze nach allen Seiten hin festgestellt, so wird
sich immer ausserdem eine vollständige concentrische Einengung
nachweisen lassen. Im weiteren Verlauf kann einmal, — dies ist
jedoch selten, v. Graefe[1]) beschreibt einen solchen Fall und ähnliche finden sich bei Haffmanns[2]) — der Defect von innen her
gegen das Centrum vorrücken und unter vorläufiger Schonung
desselben, eine Zone zwischen Centrum und äusserer Peripherie
einschieben. Gewöhnlich sinkt aber das Sehvermögen in dieser
peripheren Partie bald dahin. Auf diese Weise entsteht ein minimales Gesichtsfeld. Meistens entsteht dies jedoch durch Fortschreiten
der allgemeinen concentrischen Verengerung. In einigen Fällen
bleibt in einer etwas nach aussen vom Fixationspunkte gelegenen
Stelle der Lichtschein und das Vermögen Finger zu zählen, am
längsten erhalten.

Nach ausgeführter Iridectomie traf Haffmanns immer
Hinausrücken der Grenzen an.

1) Archiv f. O. B. XV 3, S. 177.
2) Haffmanns Bijdrage. S. 335. Nederlandsch Gasthuis 1861. Utrecht.

Wenn nun auch in Verbindung mit anderen Symptomen, so hat diese Art der Gesichtsfeldanomalie doch an und für sich nichts Charakteristisches. Bei Atrophie der Sehnerven können ganz gleiche Gesichtsfelder vorkommen. Die Eigenthümlickeiten des Glaucomgesichtsfeldes werden bedeutend vermehrt und fast in dem Maasse, dass durch dieselben allein die Diagnose möglich wird, wenn man die Messung der Farbenempfindung mit der .der Aussengrenzen verbindet und aufzeichnet.

Nr. (35, XVII). Ch. Elise, 32 J., hatte schon früher viel Kopfschmerzen und Schmerzen in den Augen, Abnahme des Linken bemerkte sie schon vor Jahren.

R. M. $^1/_{24}$. S. $^{20}/_{40}$. L. Amaurose. Beide Bulbi steinhart. L. abgelaufenes Glaucom.

R. Pupille nicht erweitert, reagirt auf Licht. Augenmedien klar.

Ophth. Vollständige Excavation, leicht hervorzurufender Arterienpuls.

Das Gesichtsfeld ist in seiner unteren Partie sehr beschränkt, die Farben sind auch in der oberen Hälfte weiter von der Peripherie entfernt, als dies normaler Weise der Fall ist.

Nr. (36, XVIII). B., 58 J. 18 XII. Seit einigen Monaten Abnahme des L. Auges und seit 14 Tagen Entzündung desselben mit Schmerzen. R. E. S. $^5/_6$ — 1. L. Finger in 11 Fuss. L. Pupille weit und träge. V. K. niedrig. Bulbus hart. Totale Excavation der Papille. Massenhafte Extravasate in der Chorioidea. Retinalgefässe geschlängelt.

R. beginnende Excavation. 27/XII. Iridectomie. Gesichtsfeld.

Auch XVI ist das Gesichtsfeld eines Falles von Glaucom.

Vergleicht man diese drei Gesichtsfelder mit den in Folge Atrophie, so springt der Unterschied sofort ins Auge. Die Ausdehnung des Allgemeingesichtsfeldes ist nicht grösser, ja im letzten Falle, welchen ich als Extrem mittheile, selbst bedeutend enger als im Falle (3, IV), vor Allem als das von (4, III) und doch ist hier die Farbenempfindung völlig erhalten, während sich dort keine Spur mehr davon findet.

Auch von den partiellen Atrophieen unterscheidet sich das Glaucom durch sein Gesichtsfeld. Die Aussengrenze mag dieselbe sein, die Farbengrenzen sind beim Glaucom concentrisch beschränkt, während sie bei jenen sich in normaler Entfernung von der Aussengrenze halten und am Orte des Ausfalls mit derselben zusammenfallen.

Man kann beim Glaucom auch prognostische Folgerungen aus dem Verhalten der Farben ziehen. Je ausgedehnter die Farbengrenzen sind, desto weniger werden die Nervenfasern unter dem intraocularen Druck und der secundären Anaemie gelitten haben und desto besser werden die Chancen einer Iridektomie sein.

Wesshalb die Einschränkung innen am ausgeprägtesten ist, ist noch nicht aufgehellt, — wahrscheinlich weil hier die Faserlage dünner ist und daran unmittelbar die unelastische Lamina cribrosa stösst, — dass sie im Allgemeinen jedoch concentrisch sein muss, ist einleuchtend, da die peripher endenden Fasern oberflächlich liegen und durch den Druck am meisten zu leiden haben, und da zweitens die Blutzufuhr in der Peripherie zuerst mangelhaft werden wird. In der Umgebung der Papille bleibt daher das Sehvermögen am längsten erhalten. Hierauf beruht der Unterschied von der Atrophie. Bei letzterer leiden alle Fasern ziemlich gleichmässig, beim Glaucom die zur Peripherie laufenden stärker.

Die Combination von Glaucom mit Atrophie erläutert folgender Fall:

Combination von Glaucom und Atrophie.

Nr. (37, XIX). 8/IX. Fr. D., 54 J. Seit einigen Jahren Nebel vor den Augen, so dass Patientin nicht mehr lesen kann; hat früher zeitweise an Kopfschmerzen gelitten. War immer kränklich. Die Menses bestehen noch und zwar sehr stark. Hat 9 Kinder.

Trägt — 12 Blau B., hat sehr vorspringende Bulbi.

L. Finger in 5 Fuss. R. in 3 Fuss. Ophth. M. c. $\frac{1}{6}$, absolut keine Staphylome. Cataracta incipiens in utroque.

R. vollständig randständige Excavation und Arterienpuls leicht hervorzurufen. L. auch Excavation, doch kein Puls. Bulbi ziemlich hart.

Im Spectroskop Blau (schön wie der Himmel) und Röthlich. L. Blau und Hell, „so gelb wie Feuer." Will früher Farben gut gesehen haben, kann sie seit einem Jahre nicht mehr gut unterscheiden.

Das Auffallende im Gesichtsfelde dieses Falles auf beiden Augen ist, dass bei normaler Aussengrenze die Grenzen der Farbenempfindungen so colossal beschränkt sind und dass nur noch Blau und Roth erkannt werden, Grün nicht.

Bei einfacher Atrophie würde bei solcher Einschränkung für Blau Roth längst nicht mehr gesehen werden und wahrscheinlich auch die Aussengrenze nicht mehr normal sein. Bei einfachem Glaucom würde Grün noch erkannt werden und würden die Farbengrenzen lange nicht so eng sein bei so weitem Allgemeingesichtsfelde.

Wir werden also auch durch das Gesichtsfeld zu der Annahme gedrängt, auf welche auch der ophthalmoskopische Befund

hinwies, die Annahme einer Combination beider Processe, sei es
nun, dass man beide als coordinirt betrachten, sei es, dass
man von Glaucoma simplex mit secundärer Atrophie reden will.
Die Prognose ist sehr ungünstig, für eine Iridectomie gar keine
Chancen vorhanden.

Ein anderer Patient hatte auf dem L. Auge S. 1 auf dem
R. S. = $\frac{1}{7}$, bdsts. alte Iritis, auf dem R. Auge Pupillarabschluss,
grosse Härte des Bulbus, Excavation der Papille, mithin secundäres Glaucom. Im Gesichtsfelde von der Grösse XVI wurde nur
Blau erkannt, was gegen Glaucom und für Atrophie gesprochen
hätte; L. bei normalem Gesichtsfelde ausser Blau nur noch Roth.
Im Spectroskop wurde Blau, Blassblau, Gelb gesehen. Hier unter-
brach die Gattin die Untersuchung, mit der Bemerkung, ihr
Mann habe auch früher nie Farben unterscheiden können.

Neuritis und Retinitis. Es bleibt uns jetzt noch eine Reihe von Zuständen, bei
welchen die Verhältnisse nicht so complicirt sind und die darum
eine kürzere Behandlung zulassen. Namentlich lassen sich die
Gesichtsfelder bei Entzündungen, bei Retinitis morb. Brightii,
specifica, Neuroretinitis und Neuritis mit nicht zu massenhafter
Infiltration der Papille, leicht charakterisiren. Bei einzelnen nicht
genau zu bezeichnenden Formen, kommen centrale Scotome vor und
finden diese ihren Platz weiter unten. Dieser Befund ist jedoch
ziemlich selten, häufig ist das Gesichtsfeld völlig normal, die Aussengrenzen sind nicht verengt und herrscht nur eine gewisse Unsicherheit in der Farbenbestimmung, so dass die Farbengrenzen unregelmässige Contouren zeigen. Während im Normalzustande selten eine
Farbe über die Grenze einer anderen hinübergreift, z. B. Roth über
die Blaulinie, findet sich hier oft ein solches Verhalten. Häufig zeigt
sich ein Scotom in Form einer Verbreiterung des Mariotte'schen
Flecks, entsprechend der Infiltration der Papille. Wo Apoplexieen vor
der Stäbchenschicht vorhanden sind, werden auch correspondirende
Scotome sich finden, doch wird es selten gelingen dieselben nachzuweisen.

Nr. 38. K., 51 J., Schlossermeister. 27/VII. Seit Montag 25.
Schatten vor dem rechten Auge, plötzlich aufgetreten bei der Arbeit am
Feuer. Die ganze Woche vorher bei grosser Hitze am Feuer gearbeitet,
die letzten Nächte gar nicht geschlafen. Hört auf dem R. Ohr schlecht
seit Jahren, klagt über Schlaflosigkeit. Kein Kopfschmerz, kein Schwindel.

keitf Herzklopfen, keine Halsschmerzen, Aussclilag u. s. w. Schwankt nicht
bei geschlossenen Augen und Füssen, kein Husten. Percussion des Schädels
schmerzlos. Lunge und Herz gesund. Kein Eiweiss im Urin.

L. H. ¹/₃₆ S. 1. R. H. ¹/₁₆ S. 1.

Gesichtsfeld bdsts. normal. Starke Neuroretinitis mit zahlreichen
Apoplexieen. Behandlung fruchtet nicht. Nach einigen Wochen ist R.
S. nur ¹/₅, das Gesichtsfeld aber völlig frei, auch für Farben.

Bei Neuritis mit starker Infiltration der Papille hat das
Gesichtsfeld oft nur 20⁰ Durchmesser. Die Farbenempfindung ist
in diesem kleinen Bezirk gut erhalten. Ein solcher Fall ist XX E.
Zwischen diesen beiden Grenzen kommen alle Mittelstufen vor.
Chronische Neuritis kann Gesichtsfelder liefern wie VII B, die von
den bei Atrophie nicht zu unterscheiden sind. In Wirklichkeit
gehen ja auch diese Processe allmälig in einander über.

Bei den Retinitiden beschränkt sich eben die Erkrankung
zunächst auf die bindegewebigen Theile, während die Nervenelemente intact bleiben. Durch die Trübung der vorderen Retinaschichten wird das Sehvermögen, sowohl das periphere als das
centrale, herabgesetzt, doch nicht aufgehoben. Für den feinen
Raumsinn der Macula wird die Störung bedeutender sein, als für
das excentrische Sehvermögen und die Farbenempfindung. Dies
gilt auch für frische Neuritis, erst wenn bei derselben die narbige
Contraction des neugebildeten Bindegewebes zur Geltung kommt,
tritt Druckschwund der Nervenfasern ein. Nur wenn Neuritis mit
sehr starker Infiltration der Papille einhergeht und die Nervenfasern durch die neugebildeten Massen zu sehr comprimirt werden,
kann die Function der nervösen Elemente sogleich im Anfang
aussetzen.

Findet man bei einem Retinalleiden peripherische Beschränkung, so ist zu vermuthen; dass schon secundäre Atrophie droht.

Ueber das Gesichtsfeld bei Retinitis pigmentosa ist schon sehr   Retinitis pigmentosa.
viel geschrieben worden. Besonders hob v. Graefe das ungeheure
Missverhältniss zwischen der centralen Sehschärfe und der Ausdehnung des Gesichtsfeldes hervor. Die Beschränkung des letzteren
ist concentrisch um die Macula und höchsten Grades, oft so stark,
dass der Defect schon diesseits des blinden Flecks beginnt. Und
zwar erfolgt diese Einengung mit dem Fortschreiten der Krankheit
allmälig concentrisch.

In dem kleinen sehenden Bezirke ist nun die centrale Sehschärfe eine sehr hohe und ausserdem die Farbenempfindung eine völlig normale.

Aus diesen beiden Umständen geht mit Nothwendigkeit hervor, dass der Krankheitsvorgang ein ganz anderer sein muss, als bei der genuinen Atrophie und der nach Neuritis. Der Sitz des Uebels kann sich unmöglich im Opticus oder in der Papille befinden, vielmehr muss die Krankheit ganz peripherisch beginnen. Mag auch der Opticus das Bild der Atrophie zeigen, so ist dies doch nur das der secundären Atrophie, welches ihm aufgedrückt wird, weil ein grosser Theil der Fasern keine Impulse mehr von den Endorganen empfängt und der Unthätigkeit und Degeneration anheimfällt. Der Theil der Fasern, welcher noch mit seinen Stäbchen und Zapfen in Verbindung steht, functionirt ziemlich ungehindert weiter, nicht ganz ungeschwächt, weil auf sie die allgemeine Ernährungsstörung im Auge, „die sich auch in der Cataractbildung offenbart", jedenfalls auch ihren Einfluss ausüben wird.

Ich brauche hier wohl kaum ein Schema beizufügen: Aussengrenzen ungemein eng, oft nicht bis zum blinden Fleck reichend, Farbenempfindung völlig erhalten. (Betreffend Ringscotome siehe unten.)

Das Gesichtsfeld ist oft so eng, dass die Patienten im Spectroskop nur eine Farbe sehen — auf einmal — wenn sie den Blick wenden, sehen sie nach einander sämmtliche Spectralfarben so gut wie die Pigmentfarben. Doch giebt es auch von der Regel abweichende Fälle.

Nr. 39. Babette St., 14 J. 17/VII. Die Eltern waren Geschwisterkinder. Eine Schwester starb 12 Jahre alt an Hirnentzündung. Patientin selbst war nie krank. Schon seit längerer Zeit sah sie besonders Abends feine Objecte schlecht.

H. $^1/_{20}$, S. $^1/_{20}$ bdsts.

Ophth.: H. $^1/_{12}$ und im aufrechten Bild vertical stehende Optici, die ziemlich trübe sind. Die Gefässe spärlich und schmal. Bei genauester Untersuchung findet man besonders nasalwärts Retinalpigmentirung in geringer Ausdehnung, dagegen allerdings deutliche Marmorirung des Pigmentepithels.

Das bdsts. völlig normale Gesichtsfeld beweisst, dass die hochgradige Beschränkung im Beginne des Processes fehlen kann.

Minimale
Gesichtsfelder.

Wir haben jetzt verschiedene Wege kennen gelernt, auf welchen Gesichtsfelder bis auf ein Minimum von Ausdehnung, auf

einen Bezirk von 10° um den Fixationspunkt herum, reducirt
werden können.

Die Atrophia optici, die genuine wie die nach Neuritis, die
frische Neuritis, die Retinitis pigmentosa, endlich, jedoch selten
das Glaucom, bei welchem häufiger noch in einem excentrischen
Gesichtsfeldabschnitt Lichtempfindung erhalten bleibt, liefern minimale concentrische Gesichtsfelder. Alle diese Formen unterscheiden sich durch diese letzteren selbst von einander, ohne dass
man nöthig hat, auf die Anamnese zurückzugreifen, auf das langsame
Entstehen bei Atrophie und Ret. pigment. das plötzliche bei Neuritis,
auf die Nachtblindheit u. s. w. Im Gesichtsfelde der Atrophie
fehlt jede Farbenempfindung. S. beträgt höchstens $^1/_{10}$, bei der
Neuritis und Ret. pig. ist die Farbenempfindung vollständig erhalten,
bei ersterer beträgt S. höchstens $^1/_{10}$, bei letzterer ist sie fast immer
höher, so lange das Gesichtsfeld überhaupt noch messbar ist.

Diese Erkrankungsform[1]) findet sich bei schwächlichen, reiz-
baren hysterischen Personen und Kindern. Gewöhnlich ist sie
begleitet von anderen hysterischen Affectionen, Lähmungen, spas-
modischen Zuständen, cutanen Anaesthesieen und Hyperaesthesieen.
Diesen letzteren ist die Augenaffection genau vergleichbar, da die
bestehende Anaesthesia Retinae gleichzeitig mit Hyperaesthesie,
starker Blendung und grosser Empfindlichkeit gegen Licht gepaart
ist. Die Affection tritt nach v. Graefe plötzlich im Verlaufe
weniger Stunden oder Tage ein.

Anaesthesia und Hyperaesthesia retinae.

Bis jetzt liegen nur sehr wenige genau beobachtete Fälle vor,
und vor allem nur sehr wenige genaue Gesichtsfeldmessungen.
Sichel giebt eine Reihe Gesichtsfelder von zwei Fällen, die den
Verlauf der Krankheit zeigen.

Im Allgemeinen ist die Gesichtsfeldbeschränkung eine unregelmässige stark concentrische; im Vergleich zu derselben ist das
centrale Sehvermögen ein sehr hohes und übertrifft gewöhnlich $^1/_3$.

---

1) v. Graefe (Engelhardt), klinische Monatsblätter 1865, S. 261.
Pagenstecher (Haase), klinische Monatsblätter 1866, S. 251.
Mandelstamm in Pagenstecher, klinische Beobachtungen 1866,
    III, S. 84.
Sichel, L'Anesthésie rétinienne Annales d'Oc. 1870, Mai-Juin.
Schweigger. Handbuch, II. Aufl., S. 547.
Steffen, klinische Monatsblätter 1873, S. 412.

Nr. 40. Eine Patientin S., die in Zürich beobachtet wurde, hatte (in einem Fuss Entfernung gemessen) ein Gesichtsfeld von 3" Ausdehnung, dabei hochgradigste cutane Anaesthesie. Der Opticus war geröthet. Die Patientin wurde vollkommen hergestellt.

Da v. Graefe auch in dem Theile der Retina, welchem der Gesichtsfeldausfall entsprach, die Phosphene erhalten fand, so schloss er daraus, dass nicht die Leitung in den Sehnervenfasern gehindert sein könne, sondern dass die Verbindung der nervösen Endorgane mit den Fasern unterbrochen sei.

Während meistens die centrale Sehschärfe eine relativ hohe bleibt, kommt es jedoch auch vor, dass die Erblindung fast vollständig ist. Einen solchen Fall, welcher die Folge eines Schrecks, verursacht durch Abfeuern einer Pistole dicht neben dem Kopfe des Patienten, eines 10jährigen Knaben, war, habe ich beobachtet. Solche Kranke sehen mit farbigen Gläsern, besonders blauen, viel besser, ja die Gesichtsfeldgrenzen sind bei herabgesetzter Beleuchtung weiter als bei hellem Licht. Ueber die Farbenempfindung ist Nichts bekannt (doch vergl. unten).

Die Prognose ist, wie v. Graefe hervorhebt, eine günstige, stützt sich aber hauptsächlich auf das ganze Krankheitsbild, weniger auf den Zustand des Gesichtsfeldes.

Der Augenspiegelbefund ist häufig negativ, in 2 Fällen, dem oben erwähnten S. und dem folgenden wurden geröthete Optici beobachtet.

Der folgende Fall gehört eigentlich nicht hierher, denn, wie es scheint, ist in demselben diese merkwürdige Verbindung von Anaesthesie und Hyperaesthesie nur Symptom übermässiger Accommodationsanstrengung.

Nr. 41. Bei einem Knaben von 16 Jahren nahm seit 6 Monaten das Sehvermögen auf beiden Augen ab, unter starker Blendung, Kopfschmerzen, Schwindel. Es fand sich II. $^1/_{15}$, S. $^1/_6$.

Es trat Besserung nach 5 Strychnininjectionen ein (er war schon lange anderweitig behandelt worden), das Sehvermögen wurde 1, bei H. = $^1/_{18}$. Ruhe und Gebrauch des Convexglases wird auch wohl zu der Besserung beigetragen haben. Das Gesichtsfeld wurde leider von diesem Falle nicht gemessen.

Dass übermässige Accommodationsanspannung, bei Myopen in Folge anhaltender Arbeiten in der Nähe, bei hochgradigen Hypermetropen durch jeden andauernden Gebrauch des Auges, eine

Herabsetzung der centralen Sehschärfe bewirken kann, die dann
unter Ruhe, dunklem Zimmer, Blutentziehungen oder Atropin-
gebrauch rasch gehoben wird, ist bekannt. Man muss auch
erwarten, eine entsprechende Herabsetzung der excentrischen Sehschärfe mit concentrischer Gesichtsfeldbeschränkung zu finden —
beide zu erklären aus der bei dieser Gruppe nie fehlenden starken
Hyperaemie der Papille. Dass Gesichtsfeldbeschränkung auch bei
den Fällen dieser symptomatischen Gruppe vorkommt, hat Steffen
nachgewiesen, denn eine grössere Anzahl der von ihm mitgetheilten
Fälle sind entschieden solche symptomatische Anaesthesieen in
Folge Accommodationsanspannung, z. B. S. 417, 2. Steffen
deutet dies selbst an, indem er hervorhebt, dass in 5 Fällen
Accommodationskrampf ausgeprägt war. Auch die Accommodations-
lähmung in 5 anderen Beobachtungen dürfte eine ähnliche Erklärung zulassen, indem trotz herabgesetzter Accommodation, in
Folge diphteritischer Lähmung (Nr. 3, S. 419) oder Körper-
schwäche (Nr. 1, S. 416) den Augen Anstrengungen zugemuthet
wurden. Damit fiele auch der Widerspruch zwischen den Beobachtungen Steffen's und v. Graefe's, betreffend die Schnelligkeit
der Entwicklung und Dauer der Erkrankung, die nach Steffen
beide längere Zeit in Anspruch nehmen sollten.

Auch folgender Fall dürfte hierher zu rechnen sein.

Nagel[1]) spricht bei Gelegenheit eines Vortrags über Hypotonie und Hypertonie über einen Fall von Hypotonie, der in Verbindung mit den in Rede stehenden Symptomen auftrat, nämlich
mit Accommodationskrampf mit Einengung des Sehfeldes und
mit einer eigenthümlichen Farbenstörung, deren Haupt-
symptom Grünblindheit war. Der Fall ist darum auch von
Interesse, weil die Herabsetzung der excentrischen Sehschärfe sich
ganz meinen Anschauungen entsprechend in Grünblindheit docu-
mentirte.

Für gewöhnlich entspricht der Ausfall der Netzhautablösung.   Netzhautablö-
Früher glaubte man, die Ablösung finde nur nach unten statt. Die   sung.
genaue Untersuchung hat nachgewiesen, dass frische Ablösungen
ebenso häufig nach oben vorkommen. Daher können sich auch
Gesichtsfelddefecte nach allen Richtungen finden; η zeigt den einer

---

1) Klinische Monatsblätter 1873, S. 402.

Ablösung entsprechenden Defect. In diesen Fällen ist die Farbenempfindung im übrigen Gebiete normal. Es kommt jedoch vor, dass in der noch anliegenden Partie das Sehvermögen ebenfalls gestört ist; andererseits kann Jahre hindurch die abgelöste Netzhaut functioniren, wofür ich mehrere Beispiele kenne. In einem Falle functionirte sie so gut, dass der Patient dieses jetzt hypermetropische dem anderen hochgradig myopischen Auge vorzog. In solchen Fällen fehlt natürlich ein Gesichtsfelddefect.

Schema η.

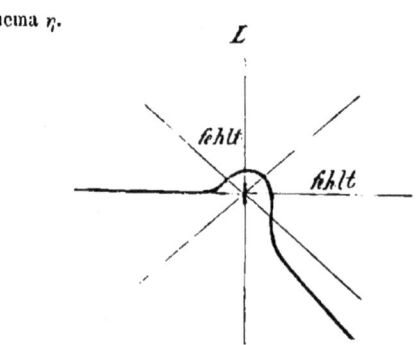

Oefter ist das Sehvermögen nicht gänzlich aufgehoben, sondern nur undeutlich; hier kann die Netzhautablösung bei oberflächlicher Feststellung der Aussengrenzen verborgen bleiben, während sie bei Untersuchung auf die Farben zu Tage tritt.

Nr. 42. V., 61 J. 21/V. 72. Von Jugend auf kurzsichtig. R. Auge durch einen Schlag in früher Jugend geschwächt, L. Auge seit dem 18 Mai mit einer grossen Wolke bedeckt. Trägt concav $4^1/_2$.
L. M. $^1/_5$. S. $^1/_5$. R. M. $1/3^1/_4$. S. $^1/_{10}$—$^1/_7$.
R. den Opticus umkreisendes Staphylom und alte Heerde von Chorioiditis dissem., aber nicht in der Macula. Beide Optici neigen zur Excavation, Cataract. incip. im Aequator, massenhafte, fadenförmige und klumpige Glaskörperflocken; L. begrenzte Solutio Retinae nach aussen-oben. Unteres Gesichtsfeld fehlt. 10/6. L. M. $^1/_7$. S. $^1/_3$.
22/6. L. M. $^1/_{12}$. S. $^1/_3$—$^1/_2$. Iris etwas verfärbt, schlotternd. Solutio Retinae nach unten; doch functionirt dieselbe noch nicht so vollkommen wie die obere periphere Partie.
8/7. L. M. (!) $^1/_{18}$. S. $^1/_3$ mit der abgelösten Retina.
17/7. L. H. (!) $^1/_{36}$. S. $^1/_4$ die abgelöste Retina beginnt sich zu trüben.
4/11. 73. L. M. (!) $1/6^1/_2$. S. $^1/_3$. R. M. $1/3^1/_4$. S. $^1/_7$.
War seither in einem Kurort, bemerkte plötzlich bei einer Bergtour, dass er nicht mehr in die Ferne sah, ein zufälliger Gebrauch einer Brille belehrte ihn, dass er wieder kurzsichtig sei.
Ophth. keine Netzhautablösung mehr nachzuweisen.

Nr. 43. G., 69 J. 28/7. Patient sah früher immer gut in die Ferne, vor einem Jahre bemerkte er, dass dies nur mit dem linken Auge der Fall war, dass das rechte schlechter sei. An dem linken Auge hat er nie ein Trauma erlitten. Abnahme des L. seit Ostern. R. M. $^1/_8$, S. $^{20}/_{30}$. L. II. $^1/_8$, S. $^1/_7$.

Ophth. L. nach aussen-unten trübe, grosse Netzhautablösung. R. Glaskörperflocken. R. Gesichtsfeld frei. L. Einschränkung des Gesichtsfeldes nach oben entsprechend der Netzhaut-ablösung.

Während Embolie des Stammes der Retinalcentralarterie wohl immer[1] zur augenblicklichen Erblindung führt und darum Gesichtsfeldmessungen nicht vorliegen, kann die Embolie eines Zweiges derselben, einen peripherischen Ausfall im Gesichtsfelde hervorrufen. Solche Fälle sind jedoch sehr selten. Den vier[2]) in der Literatur verzeichneten, füge ich den fünften hinzu und lege auch das Gesichtsfeld desselben bei. In allen fünf Fällen entsprach der Ausfall dem Gebiete der verstopften Arterie, in keinem stellte sich in demselben das Sehvermögen wieder her, ein Beweis, dass die Netzhaut eine Störung ihrer Ernährung auch für die kürzeste Zeit nicht erträgt. In vier Fällen war die Macula gesund, nur in unserem findet sich eine Abnormität. Genaue Prüfungen der excentrischen Sehschärfe liegen auch von unserem Falle nicht vor; es ist zu erwarten, dass dieselbe eine gute sei. Räthselhaft erscheint zunächst die bedeutende Herabsetzung der centralen Seh-schärfe, selbst wenn die Macula nicht zum Bereiche der verstopften Arterie gehört. Auf diesen Punkt komme ich noch bei Gelegenheit der centralen Scotome zurück. Es wird jedenfalls dabei Rücksicht auf den stets beobachten rothen Fleck in der Macula zu nehmen sein.

(Randnotiz: Embolie der Art. centr. ret.)

Nr. (44, XXI). J. Luise S., 25 Jahre alt. Im 12. Jahre eine Herz-entzündung, im 14. Gliedersucht circa 2 Jahre hindurch in der R. Hand und Fuss, von welcher Zeit an Chlorose, vor 2 Jahren Anfall von Brust-und Lungenentzündung sind vorausgegangen.

Am 27/III. stellte sich beim Bücken plötzlich Flimmern vor dem L. Auge und vollkommene Verdunkelung ein. Sofort (in Behandlung von Prof. Dor) mit Blasenpflaster, Dunkelheit, Schröpfen behandelt.

---

1) Siehe eine Ausnahme unten bei den Scotomen.

2) 1. Saemisch, klin. Monatsblätter 1866, S. 35. 2. Hirschmann, klinische Monatsblätter 1866, S. 37. 3. Knapp, Archiv für Augen- und Ohrenheilkunde, B. I, Abthl. 1, S. 29. 4. Burkan, Arch. f. Augen- und Ohren-heilkunde, B. III, Abthl. 1, S. 175.

Am 30. sah Patientin schon wieder etwas heller mit dem L. Auge und konnte mit der inneren Retina wieder die Hand erkennen.

Status. Anaemische Person. L. Pupille erweitert sich beim Verdecken des R. Auges. R. H. $^1/_{50}$ S. 1. L. Finger in 5'.

Ophth. R. sehr schwache H. Papille blass, umgeben von einem lichten Hofe, in dem das Pigmentepithel nicht so dicht ist, wie im übrigen sehr dunklen Augenhintergrunde. Nach aussen liegen darin einzelne Pigmenthäufchen angesammelt. Eine kleinere von aussen-unten herkommende Vene ist nicht nur sehr stark geschlängelt, sondern zeigt auch verschiedene scheinbare Verdickungen, wie Blutaustritte.

L. Papille bedeutend blasser als R. Auch hier ein heller Hof.

Umgebung des Opticus sehr weit hinaus getrübt, Arterien ausserordentlich schmal, Venen innerhalb der Papille ebenfalls etwas, in der übrigen Retina auffallend dunkel, glanzlos undurchsichtig. In der Fovea centralis ein dunkler carminrother Fleck, auf welchen von unten her 2 feine Gefässe führen.

8/IV. Trübung um die Macula herum durchscheinender, aber mit reichlichen Gefässen versehen, die Arterien und Venen sehr dünn.

L. Scotom des Undeutlichsehens.

16/IV. Papille sehr weiss, Trübung auf ihre Umgebung und auf eine Stelle nach unten-aussen beschränkt, aber auch hier etwas gelockert.

Deutlich sieht man jetzt das nach unten-aussen verlaufende arterielle Gefäss zuerst jenseits der Papille verdickte Wandungen bekommen, die Blutsäule schmäler werden, dann verschwinden und kann nun das weissglänzende Gefäss, das völlig obliterirt ist, ganz deutlich verfolgen.

Rother Fleck in der Macula undeutlicher.

18 IV. Scotom des Undeutlichsehens kaum noch nachweisbar.

22/IV. L. Finger in 12'. Scotom wieder vorhanden. Die Untersuchung des Herzens vorgenommen von Hrn. Prof. Biermer ergibt:

Systolisches Geräusch an der Mitralis, nicht bei jeder Action hörbar. Leichte Hypertrophie des Herzens. Leichte Affection der Mitralis ohne Insufficienz.

24/IV. L. Mit der äusseren Netzhaut Finger in 13'.

2/V. Opticus sehr weiss, Contouren schärfer, doch nach unten noch getrübt. Das nach unten aussen gehende Gefäss vom Opticusrande an obliterirt, auf der Papille noch eine ganz feine Blutsäule zeigend. Macula gesund.

Auf das centrale Scotom dieses Falles komme ich unten bei Besprechung der centralen Scotome noch zurück.

Chorioiditis.   Mehrere Male endlich ist mir ein sectorenförmiger peripherischer Ausfall bei Chorioiditis vorgekommen, während sonst die Unterbrechungen in der Continuität die Domäne der chorioiditischen Processe sind, deren Grenzen sie nicht überschreiten.

Weitläufigere Besprechung finden die betreffenden Fälle unten bei den Ringscotomen, hier sei nur soviel zur Erklärung hervorgehoben:

Eine chorioiditische Infiltration war wahrscheinlich soweit in die Retina hineingedrungen, dass sie die Nervenfasernschicht erreichte und sämmtliche Fasern leitungsunfähig machte. Es musste also ein Defect entstehen in Form eines Dreiecks, Basis nach der Peripherie und Spitze am Orte der Laesion.

Scotome, Unterbrechungen im Gesichtsfelde.

Der Mariotte'sche Fleck ist ein normaler Weise vorhandenes Scotom, doch ist dasselbe, wie hat die Physiologie noch nicht endgültig erklärt, für das deutliche Sehen unschädlich gemacht. Der innere Rand liegt etwa 12, der äussere 18 Grade vom Fixationspunkte nach aussen, so dass die von Förster angenommenen 15° das Mittel repräsentiren.

Ausserdem hat Coccius noch eine Reihe kleiner Scotome, in welchen Objekte von 2 mm. Durchmesser zum Verschwinden gebracht werden können, nachgewiesen. Dieselben sollen den Gefässstämmen entsprechen. Sie haben für uns keine Bedeutung.

Was nun die durch krankhafte Processe bewirkten Scotome betrifft, so können wir von denen in Folge von Blutungen circumscripten Netzhautablösungen und Fremdkörpern, an welche wir hiermit nur cursorisch erinnern wollen, als selbstverständlich absehen. Wenn man diese bei Seite lässt, so würde sich schwer eine Localisirung der Krankheit in der Retina erklären lassen. Bei den Retinitiden, welche dichte Exsudationen setzen, der Retinitis morbi Brightii scheinen allerdings bisweilen Scotome vorzukommen, sowohl centrale, als peripherische, z. B. in Form von Verbreiterung des Mariotte'schen Fleck's; doch bilden diese Scotome eine verschwindende Minderheit.

Dieser Schwierigkeit, welche eine Erklärung verursachen würde, entsprechend, kommen nur sehr wenig Scotome vor, deren Ursache in der Retina zu suchen wäre.

Die bei Weitem grösste Anzahl und zwar alle peripherischen, beruhen auf Erkrankungen der Chorioidea und ist ihre Entstehungsweise leicht ersichtlich, da eine localisirte Erkrankung der Cho-

rioidea immer nur eine beschränkte Zahl naheliegender Stäbchen
und Zapfen in Mitleidenschaft ziehen wird.

Dass auch die Ringscotome einer Erkrankung der Chorioidea
zuzuschreiben sind, dafür werde ich unten den Beweis zu liefern
suchen.

Centrale Scotome.

Centrale Scotome werden nachgewiesen, indem man an der
Tafel oder am Perimeter notirt, wo die weisse Kugel und das
weisse Plättchen verschwinden oder undentlicher werden. Ist im
Scotom die Sehschärfe nicht sehr bedeutend herabgesetzt, so kann
man die Messung noch mit dem gewöhnlichen Fixirobjekte ausführen, sonst muss man an dessen Stelle eine grössere weisse
Fläche anbringen. Wenn das Sehvermögen fast vollständig erloschen
ist, muss man die Hand des Kranken an den Fixirpunkt führen
und ihn anweisen, in der Richtung derselben zu schauen, was er
meist gut ausführen kann. Die Messung wird natürlich nicht sehr
genau.

Leber fand, dass häufig, wo mit der weissen Kugel kein
Scotom aufzufinden war, doch solche für einzelne Farben bestanden.
Und zwar sind es wieder Grün und Roth welche zuerst verschwinden. Dies lässt sich sehr gut mit der oben entwickelten
Anschauung über die Farbenempfindung vereinigen. In dem Scotom
hat die Herabsetzung erst einen gewissen Grad erreicht. Wie
aus unserer Auseinandersetzung hervorgeht ist das Untersuchen
mit farbigen, grünen und rothen Blättchen nur ein Untersuchen
mittelst geringeren Reizen, es kommt gleich einem Untersuchen
bei herabgesetzter Beleuchtung. Näheres folgt unten bei den einzelnen Scotomformen.

Förster[1]) unterscheidet zwei Arten centraler Scotome,
negative und positive. Das positive kommt bei der Maculaerkrankung bei Chorio-Retinitis circumscripta centralis und Hae-
morrhagieen in der Macula vor. Die Kranken geben an, das

1) Zehender. klin. Monatsblätter 1871. S. 343.

7

Scotom käme ihnen, namentlich bei schwacher Beleuchtung, zur
Erscheinung. Sie sehen wirklich einen schwarzen Fleck auf
der Zimmerdecke, den Fenstervorhängen u. s. w. Die Kranken
sehen bei heller Beleuchtung viel besser. Die negativen Scotome
sind nach Förster zurückzuführen auf Erkrankungen in den
leitenden Theilen der Netzhaut oder des Sehnerven. Negativ
nennt sie Förster, weil sie nicht wie die vorigen objektiv gesehen
werden können, sondern nur dadurch bemerkbar werden, dass
Gegenstände, in ihren Bereich gebracht, ganz oder theilweise verschwinden. Sie ziehen sich vom Fixationspunkte nach aussen
gegen den blinden Fleck hin. Nach aussen vom Fixationspunkt
erscheint z. B. die Schriftzeile grauer, verwaschener.

Die Förster'schen Abtheilungen, positiv und negativ, decken
sich also, erstere mit den Scotomen mit Erkrankung der Macula
und letztere mit denen ohne solche, und wollen wir dieses Ein-
theilungsprincip als das anatomische und näherliegende beibehalten. Wie wir sehen werden, lässt sich die Trennung nicht
scharf aufrecht erhalten und empfiehlt es sich darum nicht, vollständig scheidende Bezeichnungen wie positiv und negativ ein-
zuführen.

Centrale Scotome mit ausgesprochener Macula-
erkrankung.

Chorioretinitis
postica bei pro-
gressiver Myopie.

Wir haben zunächst die Scotome in Folge von Chorioretinitis
postica zu besprechen. Die Scotome, verursacht durch Macula-
erkrankung bei progressiver Myopie, sind anfänglich so klein, dass
sie sich mit den gewöhnlichen Mitteln nicht nachweisen lassen.
Am besten constatirt man sie, wenn man in feiner Schrift, Snellen
I I/II, ein Wort fixiren lässt. Im Anfange offenbart sich die
Krankheit darin, dass die Reihen in Schlangenlinien verlaufen.
Metamorphopsie Förster's. An Münzen scheinen die Endpunkte
eines Durchmessers genähert, während die der übrigen in richtiger
Entfernung bleiben. Eine Kranke gab an, sie sähe die Nähnadel
in Form einer Sichel gekrümmt. Einem anderen erschien die
Schneide eines Messers schartig. Später werden einzelne Worte

durch schwarze Flecke verdeckt. So z. B. wenn ein solcher Kranker die Silbe „Hof" in „Hofgarten" fixirte, sah er das „gar" nicht, das „ten" war wieder deutlich.

Entwickelt sich die Affection zu höheren Graden, so lässt sich das Scotom auch mit der Kugel oder am Perimeter nachweisen. Es wird dann nicht mehr mit der Macula fixirt, sondern mit einem nahe gelegenen peripherischen Theile der Netzhaut.

Die beiden folgenden Fälle sind geeignet, das Obige zu erläutern. Bei beiden findet sich das charakteristische Gebogensehen der Linien, „die Buchstaben gehen auf und ab."

Es ist das Gebogensehen nicht einem Schrumpfungsprocess in der Retina zuzuschreiben, sondern einer Verschiebung der Zapfen, verursacht durch eine Exsudation zwischen die Aussenglieder derselben; dies erhellt daraus, dass dies Symptom immer im allerersten Anfange der Krankheit auftritt, wo von einer Schrumpfung noch nicht die Rede sein kann. Die Erklärung der Metamorphopsie bleibt darum doch dieselbe. Demgemäss finden wir im ersten Falle, L. wo sich ein alter dichter Pigmentfleck befindet, kein Scotom, dagegen ein solches R., wo sich ein frischer Process in Form deutlicher Marmorirung ausspricht. Ebenso wies der Augenspiegel im zweiten Falle einen frischen Process nach.

Nr. 45. Fr. H., 51 J. 3/X. L. M. $\frac{1}{3}$, S. $\frac{1}{4}$ mühsam. R. M. $\frac{1}{3}$. S. $\frac{1}{10}$.

L. kein Scotom. R. Scotom. (Diplopie. Höhenunterschied 10", constatirt durch v. Graefe.)

Die Affection der Macula lutea auf beiden Seiten war, jedoch links sehr viel schwächer, in Form einer Menge von schwarzen und gelben Punkten vorhanden.

Das Scotom des R. Auges besteht seit März 68, es umfasst bei 3" Entfernung das Wort „connu" von Snellen 1$\frac{1}{2}$.

6/1. 69. R. ist das Scotom, Gebogensehen sehr deutlich. In diesem Auge ist die Affection der Macula nicht concentrirt, sie besteht in einer sehr deutlichen Marmorirung. L. ist ein tiefschwarzer Fleck.

Sehvermögen und Myopie gleich.

7/7. Nach Gebrauch von Sublimat und Heurteloup:

M. bdsts, $\frac{1}{3}$ S. L. $\frac{1}{3}$—$\frac{1}{2}$. R. $\frac{1}{5}$ und wird mit letzterem Auge Snellen 1$\frac{1}{2}$ fliessend gelesen, wenn auch die Buchstaben auf- und abgehen.

Für die Ferne gekreuzte Diplopie mit Höhenabstand durch Prisma 9° corrigirt.

Nr. 46. Fr. R., 46 J. 26/7. Klagen über Doppelsehen (zwei Lichtflammen) seit 2 Jahren. Schwarze Punkte vor dem L. Auge, dem

7*

R. erscheinen die Linien gekrümmt und durchbrochen. „Beim Lesen
kreuzen sich die Augen." Trug noch keine Brille.

L. M. 1/4½. S. ⅓. R. M. 1/3½. S. ⅙.

Keine Insufficienz! Leichte Convergenz für die Ferne. In 10'
HVM. spontan gleichnamige Diplopie, corrigirt durch Prisma 16° mit
Tiefstand des Bildes des R. Auges. Die Muskelbewegungen sind all-
seitig frei.

L. grosses Staphylom, in der Macula Marmorirung.

R. Staphylom noch grösser, in der Macula feine atrophische Streifen,
netzförmig mit einander verbunden.

Von Wichtigkeit ist das eigenthümliche Verhalten der Diplopie.
Die seitliche Diplopie findet natürlich in den Muskelverhältnissen
ihre Erklärung, im ersten Falle ist die gewöhnliche gekreuzte Diplopie vorhanden, im zweiten dagegen gleichnamige, bedingt durch
die bei M. nicht so ganz seltene Convergenz für die Ferne, welche
man immer nur bei solchen Myopen findet, die nie eine Brille
trugen. Die verticale verlangt dagegen, wie mir scheint, eine andere
Deutung. Man könnte annehmen, dass die, durch Staphyloma posti-
cum verursachte Unregelmässigkeit des hinteren Bulbuspols eine
verschiedene Lagerung der beiden Augen bedinge; jedoch erscheint
es nicht annehmbar, dass das weiche Orbitalfett dem Bestreben,
einfach zu sehen, wirksam entgegen wirken könnte. Viel wahrscheinlicher erscheint die Annahme, dass in diesen Fällen, wie
oben schon angedeutet, beim binocularen Sehen, wegen Verschiebung der Zapfen nicht mehr die Macula des zweiten erkrankten
Auges eingestellt ist, sondern ein anderer nicht identischer Punkt.

Diese Scotome entsprechen also einer Affection der Chorioidea,
durch die die Zapfen auseinander gedrängt werden. Ophthalmoskopisch findet man Pigmentanhäufungen, abwechselnd mit atrophischen Stellen und feinen hellen Strichen in der Gegend der
Macula. Häufig sind auch kleine Blutungen vorhanden. Hauptsächlich ist diese Affection der progressiven Myopie eigenthümlich
— besonders tritt sie bei solchen Individuen auf, die bei hoher
Kurzsichtigkeit mit einer corrigirenden Concavbrille in der Nähe
gearbeitet haben — doch kommt es auch, allerdings selten, bei
Chorioiditis disseminata, wo man vielleicht von Anfang an besser
von Chorioretinitis (specifica?) spricht — zu einer Erkrankung der
Macula in durchaus ähnlicher, jedoch rapider um sich greifender,
Weise.

Ist der Process frisch, so liefert die Therapie gute Resultate. Längere Zeit bleibt noch Metamorphopsie zurück. Häufig hellt sich das Centrum auf und in der Umgebung bleiben noch dunkle Stellen. Ein retinales Scotom ist das oben bei Embolie eines Zweiges der Arteria centralis vorgefundene und beschriebene. Während in den übrigen vier Fällen von Embolie eines Astes der Arteria centralis die Macula entweder ausdrücklich als gesund bezeichnet (Barkan) oder über dieselbe nichts mitgetheilt wird, fand sich in unserem Falle derselbe dunkelrothe Fleck, wie er fast immer bei Embolie des Stammes beobachtet wurde. Dieser Umstand lässt schliessen, dass der Fleck in beiden Fällen derselben Ursache seine Entstehung verdankt.

Sehr werthvoll, weil beweisend für unsere Anschauung, ist der Fall von Embolie des Stammes, welchen Sichel[1]) mittheilt.

Eine Dame, bei welcher die spätere Section Mitralinsufficienz nachwies, erblindete plötzlich in Folge eines Schreckens auf einem Auge vollständig; am folgenden Tage war das Sehvermögen in der Peripherie wiedergekehrt, im Centrum blieb ein grosses Scotom von etwa 20 cms. Durchmesser (in 30 cms. Entfernung). Der Augenspiegel zeigte eine grosse Blutung in der Macula, umgeben von weissen Flecken, die Arterien fast doch nicht ganz blutleer. Später trat völlige Erblindung des Auges ein, die Papille nahm atrophisches Aussehen an, in der Macula befand sich ein grosser dunkelbrauner Flecken, umgeben von weissen desgl. Patientin starb ³/₄ Jahre später unter Hirnerscheinungen. Die Obduction wies, ausser der Mitralinsufficienz, zahlreichen Heerden im Gehirn und verbreiteter Gefässdegeneration, auch den erwarteten Embolus im Stamm der Retinalarterie nach. Der eigentliche Embolus verstopfte die Arterie nicht vollständig, er war umgeben von gut davon unterscheidbaren Gerinnseln, Producten einer secundären Arteritis. So erklärt sich, dass nach dem ersten Shok das Sehvermögen für kurze Zeit wieder in die Höhe ging (da der Embolus etwas Blut vorbeiliess) und damit Gelegenheit geboten wurde, das Scotom zu constatiren, ehe die schliessliche Erblindung eintrat.

Ein Patient Jeaffreson's[2]) mit Amaurose in Folge von Embolia art. centr. ret. gab ausdrücklich an, dass die Erblindung im Centrum begonnen und dann sich mit Schnelligkeit nach der Peripherie ausgedehnt habe.

Woher kommt es, dass der pathologische Vorgang hauptsächlich in der Macula zerstörend einwirkt? Mit der Beantwortung dieser Frage ist auch das centrale Scotom erklärt.

---

1) Archives de Physiologie 1871—72 IV, S. 83 und 207.
2) Brit. med. Jour. II, 231. 1871.

Züblin[1]) bemerkt bei Erklärung der Retinalaffection bei Embolie der Arteria centralis retinae, dass den Anastomosen zwischen den hinteren Ciliararterien mit den Aesten der Arteria centralis „zuzuschreiben sei, dass man kleinere, vom Opticus gegen die Macula lutea hinlaufende Gefässästchen auffallend gefüllt findet, da nach Leber, von dem die Anastomosen vermittelnden Gefässkranz, der um den Opticus gerade an seinem Eintritt in die Sclera gelegen ist, kleine mit dem Augenspiegel meist nicht sichtbare Gefässe auf die Retina ausstrahlen. Diese müssen sich nach Verstopfung der im Opticus verlaufende Arterien, durch den collateral gesteigerten Blutdruck stärker füllen, als im normalen Zustande."

(S. 13.) „Der constante Sitz der Retinalaffection bei Embolie dürfte vielleicht zur Annahme berechtigen, dass durch die zwischen Opticus und Macula erweiterten Gefässe hier eine Hyperaemie entsteht, welche zu der folgenden Veränderung führt." Er meint auch, dass in seltenen Fällen, entgegengesetzt der Meinung Liebreichs, eine Blutung in der Macula stattfinden könne durch Ruptur der sehr ausgedehnten Gefässe. Bei einem von Prof. Horner beobachteten Falle von Embolie des Stammes fanden sich ausser dem gewöhnlichen Befunde in der Gegend der Macula zahlreiche, ganz rundliche, nicht an Gefässen liegende Apoplexieen. Ebensolche fanden sich in einem anderen Falle von Embolie eines Astes, der oben keine Erwähnung gefunden hat, weil keine Gesichtsfeldmessung vorhanden ist. In beiden Fällen sind die Apoplexieen durch die Beschreibung deutlich als solche aus Chorioidalgefässen charakterisirt.

Auf Grund Cohnheim'scher Anschauungen kommt Samelsohn[2]) in seiner Untersuchung über Embolia arteriae centralis zu demselben Resultate „ — da aber gerade an dem hinteren Pole die zahlreichsten und stärksten Stämmchen der kurzen hintern Ciliararterien in die Chorioidea treten (Leber[3]), so ist es erklärlich, dass die der Embolie folgende collaterale Fluxion, die in einer

---

1) Von den Erkrankungen der Retina bei Anomalieen des Circulationsapparates. Dissert. Zürich. 1865. S. 12.

2) Archiv für Augen- und Ohrenheilkunde, Bd. III. Abthl. 1. S. 151.

3) Archiv f. O. XI, S. 14.

Beschleunigung des Blutstroms in den unter dem vermehrten Drucke
erweiterten Arterien besteht, ohne jedoch eine Extravasation durch
die Arterienwand veranlassen zu können, gerade an diesem Punkte,
wo die Gefässe noch dicht zusammenliegen, zunächst durch eine
intensivere rothe Färbung in's Auge fallen werde."

Theilweise auf den Druck, den diese Blutüberfüllung in der
Chorioidea auf die dünnste Stelle der Retina ausübt, theilweise
darauf, dass bei der Gewebsnecrose, die in Folge der Embolie sich
mehr weniger geltend macht, die Macula, „als der Gefässe schon in
der Norm ganz entbehrende Stelle in erster Reihe betheiligt wird",
möchte ich dieses Scotom zurückführen. Gegen den Passus Samelsohn's in Betreff der „Extravasation" erhalte ich die Möglichkeit einer solchen in einzelnen Fällen aufrecht.

Diese Anschauung kann fruchtbringend noch für eine Reihe
anderer Scotome werden, wenn man Folgendes berücksichtigt: Obgleich bei Embolie beobachtet, setzt das Vorhandensein des kirschrothen Flecks doch nicht diese, sondern nur ein Hinderniss für
die arterielle Blutzufuhr zur Netzhaut voraus, das sich nicht so
langsam entwickelt hat, um die allmälige Bildung eines Collateral-
kreislaufes zu ermöglichen. Hierauf kann man die Erklärung für
das Scotom in folgendem Falle gründen.

Retrobulbare
Neuritis.

Nr. (47, XXII, x). Frl. M., 19 J. 8/III. Vor einem Jahre machte
Patientin einen Gelenkrheumatismus, aber ohne Herzaffection, durch.
Jetzt ist weder Herz-, Nieren- noch sonst ein Allgemeinleiden nach-
zuweisen.

Die Menstruation war immer in Ordnung. In der letzten Zeit litt
Patientin an Diarrhoe. Vor einer Woche besuchte sie einen Ball.
Plötzlich trat vor zwei Tagen ohne weitere Ursache am R. Auge fast
vollständige Erblindung ein. Dieselbe wurde Morgens beim Erwachen
bemerkt.

L. M. $^{1}/_{48}$. S. 1. R. Finger in 1 Fuss. Farben werden absolut
nicht erkannt. Alles erscheint grau.

Die Pupillen reagiren ziemlich gleich.

Ophth. R. Venen sehr geschlängelt. Opticus durchgängig geröthet;
am auffallendsten ist die colossale Füllung der Gefässe in der Gegend
der Macula, sodass sie die Fovea (deutlich kirschrothen Fleck) fast
erreichen. Während L. die Schlängelung der Venen fast völlig fehlt,
ist dieselbe Rechts korkzieherförmig und nehmen die Venen nach der
Peripherie zu fast gar nicht an Dicke ab. Apoplexieen sind nicht vorhanden. Besonders fällt auf, dass die Retina in der Gegend der Macula
sehr undurchsichtig und weisslich erscheint.

Von irgend einem verstopften Gefässe ist Nichts zu entdecken, Strychnininjectionen. 10/III. wurde beiliegendes Gesichtsfeld gemessen. L. Auge völlig normal.

11/III. R. Finger in 3'. Farbenempfindung beginnt.

12/III. Finger in 7', alle Farben erkannt.

25/III. ist das Gesichtsfeld des R. Auges völlig normal.

3/IV. M. $^1/_{60}$. S. $^2/_3$. Contouren des Opticus schärfer. äussere Hälfte blass, eine Arterie etwas bedeckt.

13/IV. M. $^1/_{48}$. S. $^5/_6$—1. Opticus etwas weisser und Gefässe etwas schmaler.

Man möchte vielleicht in vorausgehendem Falle eine Embolie der Arteria centralis erblicken, wofür allerdings die Anamnese und der rothe Fleck in der Macula sprechen; doch fehlt der Nachweis einer verstopften Arterie resp. der blutleeren Arterien und vor Allem spricht dagegen der günstige Verlauf. Bei einem ähnlichen Falle, den Becker als Embolie bezeichnete, protestirt Nagel[1]) gegen diesen Namen.

Es sind dies die Fälle plötzlicher Erblindung, für die v. Graefe die Hypothese der retrobulbären Neuritis aufstellte. Die Rapidität des Auftretens findet durch die Annahme einer Entzündung keine genügende Erklärung.

Sowohl die Embolie wie die retrobulbäre Neuritis, letztere durch die Compression der Arterie durch Entzündungsprodukte und durch Exsudation zwischen die Opticusscheiden, liefern die Momente, deren wir für die Erklärung des Scotoms bedürfen, nämlich die Ischaemia retinae mit secundärer Functionsunfähigkeit der Macula, die von den Folgen schlechter Ernährung hauptsächlich betroffen wird, — und Blutüberfüllung in der der Fovea anliegenden Chorioidea, möglicherweise mit Exsudation oder Extravasation an dieser Stelle.

Nr. (48. XXVI). R, 59 J. 7/X. Seit 3 Wochen starke Abnahme der Augen. Patient sieht besonders an der Stelle der Fixation schief und trübe. Keine Kopfschmerzen, schläft gut, träumt nicht, leidet an Herzklopfen und Enge. Stuhlgang normal. Steht Nachts bisweilen auf, um zu uriniren; doch nicht auffallend mehr als sonst. Schwacher frequenter Puls. M. $^1/_{11}$. S. L. $^1/_7$. R. $^1/_{10}$—$^1/_7$.

L. punktförmige Cataracta incipiens. Ophthalmoskopisch: L. nach aussen und R. nach innen kleine Apoplexien. Bdsts. Optici sehr roth, nicht scharf begrenzt, und besonders der Rechte etwas erhaben. Neuritis im Beginn.

---

1) Nagel, die Behandlung der Amaurosen und Amblyopieen mit Strychnin, Tübingen S. 89.

Die Gesichtsfelder zeigen bei normaler Peripherie beiderseits centrale Scotome in der Art, dass central alle Objecte undeutlicher erscheinen, obgleich alle Farben erkannt werden und ihren Charakter nicht ändern. Trotzdem wird nicht excentrisch fixirt, es wird central noch am besten gesehen, ist der Raumsinn am besten erhalten, nur erscheint alles wie mit einem Nebel bedeckt.

Auch hier ist, was das Scotom angeht, dieselbe Erklärung zutreffend, nämlich Compression der Art. centralis mit schlechter Ernährung der Netzhaut, die sich aus bekannten Gründen hauptsächlich in der Macula fühlbar macht, und wahrscheinlich Stauung in den anliegenden Chorioidealgefässen. Aus dem Schiefsehen an der Stelle der Fixation, welches der Kranke sehr betont, könnte man auf eine Exsudation zwischen Stäbchen und Zapfen schliessen in Analogie mit den Vorgängen bei Chorioretinitis postica. Die beiden Apoplexieen wären Ausdruck collateraler Fluxion. Die Entstehung der Neuritis betreffend, ist der Fall noch dunkel.

Da bei demselben ophthalmoskopisch keine Erkrankung der Macula sichtbar war, so könnte man ihm den Platz hier streitig machen, jedoch berechtigt die Analogie mit dem letzten ihn hierherzusetzen. Der eine repräsentirt den acuten, der andere den subacuten Verlauf desselben Processes. Wahrscheinlich ein gleicher Fall ist folgender.

Nr. (49. ι). Fr. B., 38 J. 29/IX. Am 3/IX. entstand plötzlich eine Amblyopie des bisher immer normalen R. Auges mit Kopfschmerz in der R. Supraorbitalgegend und Eingeschlafensein des L. Beins. Letzteres Symptom verschwand nach einigen Minuten, der Kopfschmerz nach 8 Tagen. Früher nie Kopfschmerz oder Herzklopfen; Menstruation normal. Herzbefund negativ. Appetit gering, aber keine sonstigen Symptome von Magenkatarrh. Beschäftigung nicht anstrengend, ohne Bücken.

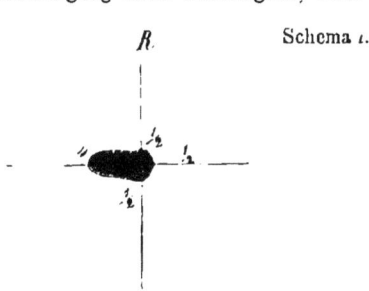

R.   Schema ι.

L. H. $\frac{1}{60}$. S. $\frac{5}{6}$. R. Finger in 3'.

Ophth. Alle Arterien durchgängig breite Venen. Gesichtsfeldgrenzen normal. R. centrales Undeutlichkeitsscotom. (Schema t.)

Nr 50. Z. 20 J., 20/X. War immer kurzsichtig. Litt schon lange an Obstipation, Kopfschmerzen, zahlreichen Pollutionen, letzteres seit mehreren Jahren. Viel Herzklopfen.

Seit 14 Tagen trat so starke Abnahme beider Augen ein, dass Patient nicht mehr lesen kann.

Mit 7 Finger R. in 7, L. in 6 Fuss.

Ophth. M. etwa $^1/_{10}$ bis $^1_{9}$. R. ganz frische Neuritis; ziemlich starke Schwellung der Papille und Schlängelung der Gefässe. **Macula dunkelroth gefärbt.** Die Gefässe in der Umgebung derselben **sehr stark ausgedehnt.**

L. dasselbe aber schon mit weisslicher Verfärbung der äusseren Hälfte des Opticus:

Im Gesichtsfelde sind die Aussen- und Farbengrenzen bdsts. normal, doch finden sich **centrale Scotome** von etwa 10° Durchmesser. In demselben erscheint Blau- etwas dunkler Weiss-Blau. Roth-Messinggelb, Grün-Gelblichgrau.

Ein Bruder hat auf gleiche Weise vor mehreren Jahren die Fähigkeit zu lesen verloren, ist aber noch im Stande, seinem Beruf als Landwirth nachzugehen.

Hierher gehören die Fälle Lebers[1] in „Ueber hereditäre und congenital angelegte Sehnervenleiden."

Nr. (51, XXIII). 35 J. Ein Bruder leidet an dem gleichen Uebel. 16/VI. Vor 2 Monaten wurde das R. Auge unter Kopfschmerz sehschwach. R. Opticus geröthet. Retina streifig getrübt, feine Apoplexieen.

19/X. Seit 4 Wochen Abnahme des L. Auges. Retina trüb, Gefässe geschlängelt, keine besondere Schwellung des Opticus. Von Syphilis Nichts nachzuweisen. 29/X. L. M. $^1/_{36}$. S. $^1/_7$. R. Finger in 10'. Mehrere Male Heurteloup.

5/XII. R. Opticus nicht mehr stark geröthet, die äussere Hälfte beginnt weiss zu werden. Retina in der Umgebung noch getrübt. Streifen längs den Gefässen.

L. Opticus röther, Venen verdickt und stark geschlängelt. Retina trüb in der ganzen Umgebung des Opticus.

R. centrales Scotom.

R. Finger in 5'. L. M. $^1/_{36}$. S. $^1/_{20}$.

Das beiliegende Gesichtsfeld dieses Falles zeigt ein Scotom, welches für Grün eine grössere Ausdehnung hat. als für die übrigen Farben, der innere grüne Kreis umschliesst nämlich die Partie, in welcher Grün nicht empfunden wird.

Nr. 52. F., 20 J. 21/X. Sehr blasses Individuum. Seit April öfter Kopfschmerz, wöchentlich 3—4 Male. Vor 4 Wochen auch Erbrechen.

1) Archiv f. O. XVII, Abthl. 2, S. 249.

Oft kalte Füsse. Die frühere Wohnung war feucht. Muss Nachts regelmässig zum Uriniren aufstehen.

Seit 3 Wochen starke Abnahme beider Augen. Urin blass, grün-gelb, stark eiweisshaltig.

Bdsts. II. ¹/₄₈. S. R. ¹/₇. L. ¹/₁₀. Gesichtsfeldgrenzen normal. Bdsts. Scotome für Weiss und alle Farben; Roth = Braun, Blau = Dunkel, Grün = noch dunkler.

Ophth. L. Opticus trüb. Grenzen verwischt, Retina besonders nach innen streifig getrübt; an einer nach oben gehenden Vene eine grosse Apoplexie, in der Umgebung noch mehrere kleinere.

Venen breit. Arterien eher schmal. Hinter den Gefässen diffuse weissgelbliche Flecken, nicht so glänzend wie bei der charakteristischen Ret. morb. Bright. Macula frei, aber Fovea intensiv roth gefärbt, mit weissem Rande. Im aufrechten Bilde entdeckt man ein oder zwei weisse Punkte in der Macula.

R. Opticus und Retina trüb, keine Apoplexien.

Worin liegt in diesem Falle die Ursache des Scotoms, etwa in der Degeneration der Radiärfasern, deren erstes Beginnen eben im aufrechten Bilde nachgewiesen werden konnte? Dies ist nicht wahrscheinlich, denn bei vollständig ausgebildeter sternförmiger Figur findet man bedeutend höheres Sehvermögen, oft ²/₃ und sogar 1.

Dagegen ist gerade wie bei der Embolie eines Astes der Centralarterie die Macula dunkelroth, gefärbt. Ich glaube daher annehmen zu dürfen, dass dieselben Momente hier wie dort das Scotom veranlassen, nämlich Ischaemia retinae durch Compression der Centralarterie und collaterale Fluxion. Im Einklange mit dieser Annahme steht die Stauung in den Venen und das Vorhandensein der Apoplexieen, die auf gleiche Weise zu Stande gekommen sind, wie in dem von Knapp[1]) mitgetheilten Falle einer Verstopfung eines Astes der Centralarterie.

Kürzlich habe ich einen zweiten Fall von Retinitis morb. Brightii untersucht. Vor mehreren Wochen war die sternförmige Figur in der Macula deutlich ausgeprägt, S. betrug längere Zeit hindurch ¹/₃, die neuritischen Erscheinungen waren nicht sehr bedeutend. Bei der letzten Untersuchung war S. ¹/₇, die Neuritis viel stärker entwickelt und in der Macula eine ziemlich grosse Apoplexie zwischen Retina und Chorioidea deutlich zu sehen. Es wurde in diesem Falle vorher das Vorhandensein des dunkel-

1) Archiv f. A.- und Ohrenheilkunde I 1, S. 29.

rothen Flecks nicht constatirt. Dieser Fall scheint sich mir ungezwungen, als die nächste Stufe desselben Processes repräsentirend, an den vorhergehen anzureihen. Wo dort nur eine entschiedene Hyperaemie der der Fovea anliegenden Chorioidea nachweisbar war, ist hier der nächste Schritt, die Extravasation schon geschehen. Die entferntere Ursache des Scotoms ist also die entzündliche Infiltration des Sehnerven.

Den Fall 52 habe ich darum angeführt, um zu zeigen, dass das centrale Scotom nicht der retrobulbären Neuritis eigenthümlich ist. Pagenstecher[1]) beschreibt einen Fall von Atrophia optici nach Erysipelas facici mit centralem Scotom und hebt als interessant hervor, „dass auch eine entzündliche Affection des Sehnerven anderen Ursprunges als die gewöhnliche retrobulbäre Neuritis ein centrales Scotom hervorrufen kann." Ist dieses aber der Fall, so müssen alle diese Processe, die Embolie der Art. centr. mit eingeschlossen, da auch sie analoge Erscheinungen liefert, etwas Gemeinsames haben, welches die directe Ursache des Scotoms ist. Es nutzt daher wenig, einen besonderen Faserverlauf mit Leber anzunehmen, da dieser nur für die retrobulbäre Neuritis passt.

Die Annahme, dass alle Processe durch Behinderung des arteriellen Zuflusses zur Retina und des venösen Abflusses, durch Hervorrufen einer collateralen Fluxion in der Chorioidealgefässen resp. venöse Stauung in denselben wirken, entspricht allen Bedürfnissen. Die Macula leidet vor Allem, weil sie einer besseren Ernährung bedarf, in jeder Hinsicht empfindlicher ist und durch Anordnung der Chorioidealgefässe eine Prädisposition für sie zu exsudativen Processen geschaffen ist; wie für die Ringscotomzone durch die Vasa vorticosa.

Entsprechend der grösseren Empfindlichkeit der Macula gab ein Patient Jeaffreson's mit Amaurose in Folge von Embolia art. centr. ausdrücklich an, dass die Erblindung im Centrum begann und dann sich mit Schnelligkeit nach der Peripherie ausdehnte, wie oben schon erwähnt.

Knapp[2]) fand bei einem Falle von Thrombose des Sinus

1) Klinische Monatsblätter VIII, S. 207.
2) Archiv f. O. XIV 1, 228.

cavernosus und der Vena jugularis dextra mit Vortreibung des Auges durch Orbitaloedem nur in der Macula anatomische Veränderungen. Er meint, während des Lebens hätte der Augenspiegel das Bild zeigen müssen, wie bei Embolie. Häufig habe ich bei den in Rede stehenden Fällen in der Gegend der Macula bedeutende Ausdehnung der Venen und korkzieherfömige Schlängelung derselben beobachtet.

Folgende Fälle beweisen klinisch den Zusammenhang von Maculaerkrankung mit Neuritis, leider wurde anfangs bei denselben nicht genau auf ein Scotom hin untersucht.

Nr. 53. T., 32 J. 5/IX. 70. Vor 4 Monaten Niederkunft mit enormem Blutverlust. Vor derselben geschwollene Füsse, 14 Tage nachher Abnahme der Augen. Ebenso nahm Gehör und Gedächtniss ab. Schlaf, Appetit und Verdauung schlecht, Schwindelanfälle aber keine Uebelkeit, viel Herzklopfen. Im Urin kein Zucker oder Eiweiss. E. L. S. 1 R. $^1/_2$.

R. hochgradige Neuritis mit Extravasaten nach unten. L. Neuritis im Beginn.

29/VII. 73. Vorgestern plötzliche Verschlechterung.

L. S. $^1/_{20}$. R. Finger in 7 Fuss. Alle Farben werden erkannt. R. Opt. noch immer trüb und geschwellt. Gefässe stark und geschlängelt, in der Macula unregelmässige Pigmentanhäufung. L. grosse Glaskörperflocken, Opticus trüb, Extravasate.

2/II. 74. Allgemeine Besserung. L. E. S. $^1/_3$. R. Finger in 7 Fuss excentrisch. L. deutlich noch Neuritis.

R. streifig trüber Opticus, genau in der Macula eine sehnig glänzende halbpapillengrosse Figur, die vollkommenste Chorioidealatrophie mit Scleralectasie darstellend, fast wie ein angeborenes Colobom.

Bdsts. Glaskörper fast frei.

Nr. 54. R., 42 J., wurde im Jahre 72 und 73 an Neuritis behandelt.

L. E. S. $^5/_6$. R. M. $^1/_{36}$. S. $^1/_2$. Optici noch trüb, Contouren verwischt.

11/II. 74. S. bdsts. $^2/_3$. Bdsts. Opticus grau, trüb, undurchsichtig, nicht scharf contourirt.

R. umkreist die Macula, so dass diese etwas excentrisch, nach aussen liegt, ein Kranz glänzend weiss-gelber Flecken, atrophische Stellen der Chorioidea, in welchen die grossen Gefässe der letzteren noch sichtbar sind, im linken Auge dasselbe. Die Flecken sind bald klein, bald $^1/_3$ papillengross.

Nr. 55. N., 15 J., machte in seinem 6. Lebenjahre eine fieberhafte Erkrankung, wahrscheinlich Meningitis, durch.

L. M. $^1/_{10}$ S. 1. R. hochgradige Amblyopie.

R. bei atrophischem Opticus (nach Neuritis) ist das Maculagebiet von einer queren, mehrere Papillen grossen atrophischen Stelle eingenommen. Chorioidea vollkommen atrophisch. Sclera durchscheinend.

Während im Falle (47, XXII) das Scotom sich völlig wieder zurückbildete, im Falle (44, XXVI) sich noch nicht absehen lässt, welche Wendung die Erkrankung nehmen wird, deutet im Falle (51, XXIII) die beginnende Verfärbung der Papille auf eine Stabilisirung des Zustandes, wenn nicht auf fortschreitende Atrophie. Es ist leicht ersichtlich, dass verschieden lange Dauer der Ernährungsstörung, durch Compression der Centralarterie, und mehr oder weniger vollständige Behinderung des Blutzuflusses, sowie grössere oder geringere Akuität, mit welcher das Hinderniss eintritt, auch Functionsstörungen verschiedenen Grades bedingen. Im einen Falle sind die Schäden reparirbar, im anderen beschränkt sich die völlige Ausserdienstsetzung noch auf die empfindlichsten Theile, die Zapfen der Macula, allein, die Atrophie bleibt partiell, im dritten ist auch für die Peripherie die Störung zu gross, nach und nach entwickelt sich totale Atrophie.

Die an zweiter Stelle angeführten Fälle liefern die stationären Scotome mit guter Prognose quoad caecitatem und unterscheiden sich von den progressiven Formen durch die Ausdehnung der Farbengrenzen in der Peripherie nach oben entwickelten Normen. Auf diesen Unterschied kommen wir weiter unten bei den progressiven Formen wieder zurück.

Chorioretinitis specifica. Oben habe ich schon erwähnt, dass Chorioretinitis postica ganz in derselben Weise wie bei progressiver Myopie bei einzelnen Fällen von Chorioiditis vorkomme, meistens specifischer Natur, die man von vornherein besser Chorioretinitis nenne. Der gewichtigste Grund, diese Bezeichnung zu adoptiren, ist der, dass solche Fälle häufig im Anfange gar keine Chorioiditis sehen lassen und als Retinitis specifica durchgehen, bis dann im Verlaufe die Affection der Chorioidea hervortritt.

Man hat diese letztere häufig als secundär bezeichnet, ich halte mich jedoch berechtigt, sie in den Fällen mit Scotomen als gleichzeitig mit der Retinitis vorhanden, anzunehmen. Dieselben Verhältnisse haben wir unten noch einmal beim Ringscotom zu berühren.

Die Ursache der Erkrankung gerade an dieser Stelle sehe
ich wiederum in dem grösseren Gefässreichthum, durch welchen
sich die Chorioidea hier auszeichnet.

Die Krankengeschichten zweier Eheleute sind geeignet, Vor-
stehendes zu beweisen und zu erläutern. Beider Anamnesen weisen
alle vorkommenden syphilitischen Affectionen nach.

Die Frau Nr. 56 wurde im September 1870 an Retinitis
specifica, der Mann, Nr. 57, im October an Iritis und Retinitis
specifica, auf beiden Augen, im Spital behandelt.

Der ophthalmoskopische Befund ergab beim Manne auf dem
L. Auge: Opticus und Retina sehr getrübt, ersterer etwas erhaben;
auf dem R. Auge ausserdem eine kleine Pigmenthyperplasie nach
aussen-oben.

Im Gesichtsfelde fand sich L. ein Scotom von 4 Zoll Höhe, also
auf dem Auge, wo von einer Affection der Chorioidea noch nicht
die Rede war. Im Sommer 1873 ist auch diese Chorioidea in grosser
Ausdehnung ergriffen, und war dieser Process früher nicht nachweisbar gewesen, weil er theilweise durch die Trübung der Retina
verdeckt wurde, theilweise auch nicht zu solchem Umfange gediehen
war, so dass bei der ersten Untersuchung die Diagnose auf Retinitis specifica gestellt wurde, statt wie sie jetzt lautet auf Chorioretinitis; betheiligt war die Chorioidea aber auch damals jedenfalls schon.

Bei der Frau fand sich Folgendes:
Enorm ausgedehnte Ciliargefässe. L. S. $^1/_{10}$. R. Finger in
11 Fuss. R. centrales Scotom.

Nach 4 Wochen, während welcher Zeit eine Inunctionskur
angewandt wurde, hat sich R. das Scotom verloren, es heisst im
Protocoll: „Patientin, die bei der Untersuchung ziemlich zuverlässig
antwortet, giebt auch an, dass sie diese Veränderung schon deutlich und erfreulich bemerkt hat." Dieses Scotom beruhte auf den
beiden Momenten: schlechter arterieller Blutzufuhr durch die
Netzhautgefässe und Druck durch die gestauten Chorioidealgefässe
in der Gegend der Fovea, vielleicht auch mit geringfügiger Exsudation aus denselben, doch nicht solchen Grades, dass die Re-
sorption nicht leicht möglich geblieben wäre. Auf eine Fluxion
deuten auch die colossal gefüllten Ciliargefässe hin, ausserdem
giebt Patientin an, dass sie während der Zeit ihrer Menses immer

an Kopfschmerzen leide und schlechter sehe. Endlich spricht dafür
die allgemeine Erfahrung von der Schädlichkeit der Stuhlver-
stopfung, kalter Füsse u. s. w. bei solchen Patienten.

Auf dem L. Auge war damals auch eine starke peripherische
Beschränkung, für die kein Grund ersichtlich war, jetzt (Sommer
1873) findet sich bedeutende Erkrankung der Chorioidea, so dass
auch dieser Fall, wie der vorhergehende zu den Fällen von Chorioretinitis gehört, die am Schlusse meiner Arbeit weitläufiger
besprochen werden.

Im folgenden Falle von Retinitis specifica liegt jetzt noch
keine sichtbare Chorioidealerkrankung vor, doch steht zu erwarten,
dass sich in einer solchen später die Ursache des Scotoms offen-
baren wird.

Nr. (58, ♀). Fr. II., 46 J. Patientin hat seit einigen Tagen Schatten
vor dem L. Auge, nach innen vom Fixirpunkte. Der Mann ist syphilitisch, sie selbst hat stark geschwellte Drüsen im Nacken, Plaques
muqueuses im Rachen und an der Oberlippe, verdächtige Flecken am
Halse. R. E. S. 1. L. E. S. ¹/₅.

Ophth. Bdsts. stark geröthete Optici mit breiten Gefässen. In
Bezug auf das Scotom ist der Befund absolutiv negativ. Retinitis specifica. Im Gesichtsfelde centrales Scotom. Schema ♀.

Schema ♀.

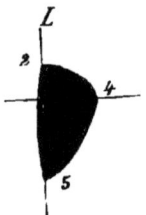

Einerseits sind diese Scotome, wenn die Kranken im Anfange
ihres Bestehens in die Behandlung treten, rückbildungsfähig, andererseits bricht bisweilen der Process so heftig hervor, dass es
nicht bei Stauung in den Chorioidealgefässen mit mässiger Exsudation bleibt, sondern zu Ruptur und Bluterguss zwischen Retina
und Chorioidea kommt. Dieses Vorkommniss ist nicht sehr selten
und gehört ebenfalls in den Rahmen des oben gezeichneten Krank-
heitsbildes.

Werfen wir einen Rückblick auf die bisher besprochenen Scotome, so sind bei allen dieselben Ursachen in Thätigkeit, nur
wirken bei den einen diese, bei den anderen jene stärker.

Ausser der Stauung in den Chorioidealgefässen, die sich ver-
möge der Gefässanordnung vor Allem in der, der Fovea anliegenden, Chorioidealpartie ausspricht, wirken bei der progressiven
Myopie noch die Dehnung mit, die die Chorioidea an dieser Stelle
durch Ausdehnung des·hinteren Bulbuspols erfährt, weiter ist die
durch die Accommodation verursachte Zerrung ein beförderndes
Moment. Die Hauptklage solcher Patienten im Beginn der Erkrankung ist, dass sie bei der geringsten Anstrengung des Auges
einen feurigen Stern am Orte der Fixation sehen. Hier verdient
auch noch folgender Umstand Berücksichtigung.

Wie bekannt, verlaufen nach Leber[1]) einzelne hintere Ciliararterien direct zum hinteren Bulbuspol, zur Macula, andere begleiten
den Sehnerven und biegen dann in die Netzhaut um. Diese letzteren werden bei der Staphylombildung, wie ophthalmoskopische und
anatomische Untersuchungen lehren, ungeheuer in die Länge gezerrt
und zum Theil zur Obliteration gebracht. Die nächste Folge ist
Behinderung der Circulation in denselben, die weitere: Fluxion in den
übrigen zur Macula laufenden Ciliararterien. Dies dürfte zur Erklärung beitragen, weshalb das Gebiet zwischen Opticus und Macula entschieden weniger zu Erkrankungen disponirt ist, als die letztere selbst.

Bei der Embolie ist es vor Allem die mangelnde arterielle
Zufuhr, die sich wegen ungünstiger Gefässanordnung hauptsächlich
in der Macula fühlbar macht, nebenbei verdient die Stauung in
den anliegenden Chorioidealgefässen Berücksichtigung.

Dieselbe Erklärung gilt bei der Ischaemia retinae in Folge von
Compression des Nerven und der Arteria centralis durch retrobulbäre Neuritis, Erguss zwischen die Sehnervenscheiden oder Perineuritis. Bei letzterer benutzen wir also ein anderes Mittelglied als
Leber, nach welchem die Opticusfasern so geordnet sein sollten,
dass die an der Oberfläche liegenden, in der Macula ihre Endigung
fanden, und das Scotom in Folge directer Beeinträchtigung dieser ober-
flächlichen Schicht durch die Perineuritis zu Stande kommen sollte.

In einer grösseren Zahl von Fällen, z. B. 44 46 und 48, scheint
auch Ueberblendung und Ermüdung einen grossen Einfluss aus-
züben, zwei Momente, die sich bei der Behinderung des Blutzuflusses in der Retina zu einer bedeutenden Höhe entwickeln

---

1) A. f. O. XI 1, S 14.

können. Ausführlich kommen wir hierauf noch bei der Intoxicationsamblyopie zurück.

Endlich bei der Chorioiretinitis specifica, welche mit starker, besonders venöser Stauung in den Chorioidealgefässen einhergeht, ist vorzüglich die Vertheilung der letzteren massgebend. Darum finden wir Ringscotome (siehe unten) und centrale Scotome in Folge der Gefässanordnung in der Gegend der Fovea, die uns bei der Embolia art. central. besonders klar, in Form des dunkelrothen Flecks demonstrirt wird. Im Anfange handelt es sich um leichte, resorptionsfähige Exsudation zwischen Retina und Chorioidea, später um entzündliche Infiltrate, die zur Vernarbung führen, in welcher Stäbchen und Zapfen untergehen oder schliesslich, wenn der Process mit grosser Akuität eintritt, um Apoplexien aus Chorioidalgefässen, zwischen Chorioidea und Retina.

Scotome ohne deutliche Maculaerkrankung.

Bei den bisher beschriebenen Scotomen war entweder eine Erkrankung der Macula ophthalmoskopisch sichtbar vorhanden, oder sie war mit grosser Wahrscheinlichkeit aus der Analogie mit weiter fortgeschrittenen Fällen zu erschliessen; die noch zu besprechenden bei der Intoxicationsamblyopie und der progressiven Atrophie sind anderer Art; eine locale Erkrankung der Macula oder der anliegenden Chorioidea ist in ausgesprochener Weise nicht vorhanden.

Man hat die zu Grunde liegende Erkrankung in den leitenden Fasern, ja im Gehirn gesucht. Ausführlich hat diese Form Leber [1] in seiner bekannten Abhandlung besprochen und namentlich für sie hypothetisch einen besonderen Verlauf der Sehnervenfasern angenommen. Er führt jedoch keine strenge Sonderung der verschiedenen Arten von Scotomen durch und rechnet hierher auch die Scotome bei Retinitis specifica und ähnliche, welche, wie ich gezeigt habe, an einen anderen Ort gehören. Leber schreibt alle

---

1) Archiv f. O. XV, 3.

Scotome, die bei Retinitis specifica eingerechnet, sämmtlich der von ihm angenommenen Perineuritis zu und die Entstehungsweise soll die folgende sein. Wie bekannt, beobachteten v. Graefe und Leber·in solchen Fällen von Scotomen Verfärbung der äusseren Hälften der Papillen, und zwar war der Contrast gegen die Färbung der inneren so bedeutend, dass er durch Annahme allgemeiner Atrophie des Opticus unter Berücksichtigung des Umstandes, dass die Faserlage auf der Papille gegen die Macula zu bedeutend dünner ist, als auf der entgegengesetzten Seite, nicht genügend erklärt erschien. Leber glaubte hier also eine Affection einer bestimmten Faserschicht vor sich zu haben. Eine weitere Ueberlegung ergab als den denkbar einfachsten Verlauf der Sehnervenfasern in Opticus und Retina den, dass die innersten, centralsten Fasern im Sehnerven, die oberfläch-lichsten auf der Papille würden und in der Nähe der ora serrata endigten, — die äussersten, peripherischsten im Sehnerven dagegen zunächst der Papille sich in ihre Stäbchen und Zapfen einsenkten. Da nun die jenseits der Macula endenden Fasern dahin nicht direct verlaufen, sondern die Macula im Bogen umgehen, so liegen auf der der letzteren zugekehrten Papillenseite die für sie selbst bestimmten Fasern allein.

Eine Affection des Opticus in seinem Verlaufe, die nur die äussere Faserlage betrifft, eine Perineuritis, müsste nun allerdings eine Functionsstörung in der Umgebung der Papille verursachen und es ist nur der Umstand, dass, wie Leber[1]) selbst zugesteht, die Mehrzahl der Scotome sich auf die nächste Umgebung der Macula beschränkt, höchstens den blinden Fleck mit einschliesst, aber durchaus nicht nach der anderen Seite gleich weit über den-selben hinausreicht, wie auf der Seite der Macula, und es schliess-lich auch Scotome giebt, die den blinden Fleck gar nicht mit einschliessen, — es sind nur diese Momente und die fast immer gleiche Ausdehnung der Scotome, welche nicht ganz mit der Hy-pothese stimmen.

Die Idee der Perineuritis schliesst sich an die v. Graefe'sche Theorie betreffend die retrobulbäre Neuritis an. Oben Seite 103 habe ich ein anderes Mittelglied zu geben versucht, um die Entstehung der Scotome aus der retrobulbären Neuritis abzuleiten.

1) Archiv XV. 3. 99.

Noch eine andere Erklärung erheischt die Gruppe der Intoxicationsamblyopieen.

Intoxications-
amblyopie.

Und zwar scheint mir das Scotom bei den Intoxications-amblyopieen ganz eigenthümlicher Art zu sein, so dass auch die Grundlage desselben ihm nicht mit anderen gemeinsam sein kann. Ich schicke voraus: man darf nicht solche Fälle als Beispiele beibringen, in welchen der Uebergang zur progressiven Atrophie sich schon vollzogen hat. Der Begriff Intoxicationsamblyopie hat nur seine Berechtigung, wenn man ihn auf die heilbaren Fälle beschränkt. Sonst müsste man dasselbe Verfahren auch bei den übrigen Amblyopieen einhalten und unter dem Namen: progressive Atrophie blieben nur Fälle, deren Aetiologie unbekannt ist. Solche Fälle, wie z. B. Nr. 11, zähle ich unter die progressive Atrophie, obgleich bei demselben Missbrauch von Spirituosen und Tabak entschieden als causales Moment zu betrachten war.

Dass dies Scotom verschieden von den übrigen sein muss, geht daraus hervor, dass weder Erismann[1]) noch Hirschler[1]) überhaupt, noch Leber[1]) in der Mehrzahl der Fälle ein solches gefunden haben; und Förster[1]) dagegen behauptet, dasselbe fehle nie. Ich selbst habe ein Scotom bei Intoxicationsamblyopie im Anfange, als ich mit denselben Objecten, mit welchen sich die übrigen Scotome gut nachweisen liessen, untersuchte, nie gefunden.

Förster stützt seine Ansicht auf 20 Fälle. „Die Abnahme der Sehfunction erstreckte sich bei denselben nicht auf das ganze Gesichtsfeld, sondern war auf einen ovalen oder kreisförmigen Heerd beschränkt, der, vom blinden Fleck beginnend, bis über den Fixationspunkt hinausging (ca. 18—25° in horizontaler Richtung). Die Function war auf diesem Heerde nicht vollständig aufgehoben, sondern nur soweit herabgesetzt, dass grössere Buchstaben noch erkannt wurden. Uebrigens variirte die centrale Sehschärfe in den einzelnen Fällen erheblich, doch waren beide Augen stets ziemlich in derselben Weise ergriffen." Von den 20 wurden 11 bedeutend gebessert.

Ich erfuhr von Hrn. Prof. Förster mündlich, dass diese Scotome meistens nur mit rothen Objecten von 4 mm. Seite auf schwarzem Grunde nachzuweisen waren. Mit so kleinen Objecten

1) a. a. O.

waren die Fälle von Erismann nicht untersucht worden, wahrscheinlich auch nicht von Leber und Hirschler. Ich habe nun mit solchen kleinen Objecten fast bei jeder Intoxicationsamblyopie centrale Scotome nachweisen können. Die Zahl der Fälle beträgt mehr als 30. Auch nach Snellen ist das Vorkommen derselben nahezu constant. Meiner Ansicht nach sind dieselben jedoch nicht als Effect einer besonders das Centrum betreffenden Krankheit aufzufassen, — so dass der Name Amblyopia centralis Leber's berechtigt wäre, — sondern theils aus grösserer Ermüdbarkeit der Macula, theils aus unten näher zu erörternden Umständen zu deuten.

Nicht richtig erscheint es mir, wenn Leber auf ein Scotom schloss, aus der Beobachtung, dass ein gefärbtes Pigmentblatt in grösserer Entfernung nicht erkannt, bei grösserer Annäherung dagegen richtig bezeichnet wurde, indem er dies dahin deutete, dass im ersten Falle das Bild des Blattes innerhalb der Scotomgrenzen zu liegen komme, im anderen dieselben überrage und darum wieder erkennbar werde. Hier wird zweierlei vernachlässigt, einmal, dass das Retinabild im ersten Falle bedeutend kleiner ist, was nach Aubert für die Farbenempfindung durchaus nicht gleichgültig ist und zweitens, dass die Intensität der Beleuchtung mit der Entfernung abnimmt. Oben bei den progressiven Atrophieen habe ich einen Fall (5, V) mitgetheilt, in welchem in der Entfernung des Perimeterradius nur Blau (Fläche von 20 mm. Seite) erkannt wurde, sowohl peripherisch, wie central, in grösserer Nähe dagegen auch roth, ebenfalls central und excentrisch. Um das Dasein eines centralen Farbenscotoms zu beweisen, muss in gleicher Entfernung vom Auge eine gefärbte Fläche von bestimmter Ausdehnung excentrisch richtig erkannt, central entweder gar nicht gesehen werden oder in ihrer Farbe verändert erscheinen.

Ebensowenig ist die Existenz eines Scotoms bewiesen durch den Umstand, der sich öfter in den Krankengeschichten bemerkt findet, dass alle Pigmentfarben erkannt, dagegen im Spectroskop nur Blau, resp. Blau und Gelb oder Blau und Roth gesehen wurden. Man könnte diesen Befund auch dahin auslegen, dass das kleine Gesichtsfeld des Spectroskops nur der Macula entspreche, diese scotomatös und darum Blindheit für einzelne Farben vorhanden sei, während das grössere Retinabild der Pigmentblättchen über die erblindete Partie hinausrage und zur Perception gelange. Man darf jedoch, wie gesagt, nicht vergessen, dass der Grund des Phänomen der sein kann, dass nach Aubert die Intensität des Farbenempfindung auch von der Grösse der gefärbten Fläche abhängt, dass mithin das kleine Gesichtsfeld des Spectroskops nicht die genügende Grösse für die im Torpor befindliche Retina besitzen könnte.

Für die letztere Erklärungsweise spricht auch der Umstand, dass dieselbe Beobachtung auch bei Amblyopieen ohne Scotom gemacht wird.

Ausser dass sich die in Rede stehenden Scotome nur mittelst sehr kleinen Objecten und häufig nur mit solchen von bestimmter Farbe nachweisen lassen, dokumentirt sich ihre Eigenthümlichkeit darin, dass sie oft bei relativ hoher centraler Sehschärfe beobachtet werden (Förster, Leber, ich) und dass also die Forderung, welche man eigentlich an den Begriff Scotom knüpft, dass nämlich im Scotom schlechter gesehen werde, als in der Umgebung, hier nicht erfüllt wird.

Ein centrales Scotom mit S. $^1/_5$ und darüber ist eigentlich kaum denkbar. Leber versucht sich bei der Beschreibung eines derartigen Falles über diesen Widerspruch hinwegzusetzen. Er sagt: „In solchen Fällen von centralen Scotomen, in welchen das Sehvermögen noch dem excentrischen gleichkommt oder dasselbe gar übertrifft, muss man annehmen, dass die Objecte trotzdem im Scotom ein anderes Aussehen haben. Dasselbe ist dann oft nur für einzelne Farben nachweisbar."

Aber bei der unserer ganzen Darstellung zu Grunde liegenden Anschauung, dass Farbenempfindung und Sehschärfe aufs engste mit einander verknüpft sind, sollte man nicht denken, dass, bei noch relativ gutem centralen Sehvermögen, sich schon Farbenstörung im Centrum geltend machen könnte.

Diese Farbenscotome bei noch besserem centralen Sehvermögen (über $^1/_7 - ^1/_5$) sind besonderer Natur und erklären sich hinreichend, wenn man berücksichtigt, dass die Farbenempfindung in der Macula von vornherein eine andere ist, als in der Peripherie, dass die Elemente der Macula bedeutend empfindlicher sind und die centralen Nachbilder intensiver, dass obendrein die Erregbarkeit bei der Intoxicationsamblyopie besonders abnorm und in Folge davon die Dauer der Nachbilder nicht die gewöhnliche ist (Galezowsky, siehe oben S. 80), dass die der Macula trotz der Erkrankung zugemuthete Fixation und die nothwenig eintretende schnelle Ermüdung, Verdunklung und Flimmern des Objectes gerade im Centrum leicht erklärlich macht, — die peripheren Particen werden immer nur flüchtig von einem Eindruck getroffen.

Ist das Auge ausgeruht, so sehen die Patienten mit dem Centrum am besten, sowie es aber eine Zeitlang dem Lichteinfall ausgesetzt war, stellt sich Ermüdung ein und eine Wolke macht gerade das fixirte Object undeutlich.

Diese Auffassungsweise ist auch anwendbar auf die Amblyopicen mit S central circa $^1/_{20}$ und darunter.

Auf die Sonderstellung der Macula, was die Farbenempfindung angeht, hat zuerst Maxwell[1]) hingewiesen. Er sagt: I think that the yellow spot absorbs the rays between E and F and would, if placed in the path of incident light, produce a corresponding dark band in the spectrum formed by a prism. Aus diesen Angaben wäre eine geringere Empfindlichkeit für Grünblau erklärlich. Schultze[2]) meint: Da das Gelb der Macula lutea einen kleinen Stich ins Grünliche zeigt, müsste an Roth gedacht werden, und dass etwas von dieser Farbe absorbirt werde, möchte ich daraus schliessen, dass bei Einschaltung des erwähnten Kobaltglases der gelbe Fleck schwarz wird. Denn da dieses Glas, wie bekannt, etwas Roth durchlässt, müsste der gelbe Fleck roth erscheinen, wenn er das Roth nicht absorbirte.« Damit wäre auch die Erklärung für eine geringere Empfindlichkeit für Roth gegeben, die sich bei allgemeiner Herabsetzung der Erregbarkeit in vollständige Blindheit für dasselbe steigern könnte.

Zu ungefähr denselben Resultaten wie Schultze, kommt Preyer[3]).

Uebrigens bedingt die individuelle Verschiedenheit der Pigmentirung des gelben Flecks auch einen grossen Spielraum, innerhalb dessen die erwähnten Erscheinungen sich bewegen können.

1) Maxwell, On the theory of compound colours. S. 76. Philos. Transact. for 1860, Vol. 150.

2) Schultze, Ueber den gelben Fleck. Bonn 1866. Seite 4.

3) Preyer, Ueber anomale Farbenempfindungen. Pflüger's Archiv. Bd. 1, S. 299.

Um die Annahme der schnelleren Ermüdung der Macula gegenüber der übrigen Retina zu stützen, kann folgende analoge Thatsache dienen, die Funke [1] anführt und erklärt.

Astronomen haben zuerst die Entdeckung gemacht, dass sehr schwache punkttörmige Lichteindrücke, Sterne von geringer Lichtstärke leichter mit seitlichen Netzhautpartieen, als mit der Mitte des gelben Flecks wahrgenommen werden. Der Winkel, um welchen excentrisch fixirt wird, ist nicht unbedeutend. Nach Funke lässt sich diese Thatsache recht wohl mit der Annahme, dass die Mitte des gelben Fleckes die grösste Empfindlichkeit besitzt, vereinigen, wenn man bedenkt, dass mit der grössten Empfindlichkeit auch die grösste Ermüdbarkeit verknüpft ist. Da nun die centralen Retinatheile erstens in Folge dieses Verhältnisses leicht so weit ermüdet sind, dass sie vom schwachem Licht nicht mehr erregt werden, ausserdem aber diese Ermüdung im höchsten Grade durch die unverhältnissmässige Bevorzugung des gelben Fleckes beim Gebrauche der Augen begünstigt wird, erscheint die in Rede stehende Thatsache vollkommen erklärlich.

Eine weitere Unterstützung finden wir bei Maes. — Het gevolg is, dat te allen tijde, waar wij ons bevinden mogen de centralen deelen van het netvlies in een' zekeren graad van torpor verkeeren. Menigeen heeft zeker opgemerkt, dat, wanner een verlicht vorwerp op een peripherisch gedelte van het netvlies zijn beeld vormt en te gezigtslijn onwillekurig nu dorop gerigt wordt, gezegt vorwerp zich bij deze directe beschouwing veel minder hel vertoont dan indirect gezien. [2]

Eine gesteigerte Ermüdbarkeit bei der Intoxicationsamblyopie anzunehmen, wird gewiss nicht zu kühn sein.

Man braucht nur einen Blick auf das Verhalten des ganzen Nervensystems beim Alkoholiker zu werfen, um Analogieen zu entdecken. Scheinbar energische Bewegungen lassen die Unsicherheit durchblicken; sobald ein Glied eine Zeit lang in einer bestimmten Stellung gehalten werden soll, entwickelt sich ein starker Tremor, auch die Geistesthätigkeit ist nicht stetig und erlahmt schnell.

1) Funke, Physiologie II, S. 356.
2) H. Nederlandsch Gasthuis 1861. Torpor retinae. S. 179.

Während nun schon im normalen Auge die Macula lutea leichter ermüdbar ist als die übrige Retina, wird sich dies noch in höherem Masse bei dem Zustande allgemeinen Torpors geltend machen, der bei der Intoxicationsamblyopie herrschend ist.

Hiermit stimmt überein, was wir schon oben erwähnt haben, dass solche Kranke nach einer guten Nacht, überhaupt nachdem sie ausgeruht sind, bedeutend besser sehen, ja Farben erkennen, die sie vorher nicht gesehen haben.

Bei der Beurtheilung dieses Scotoms muss man auch folgendem Umstande Aufmerksamkeit zuwenden, der sicher Einfluss auf die Intensität und Ausdehnung desselben hat und dessen Nichtbeachtung zu Irrthümern über die Bedeutung des Scotoms führen kann.

Meistens werden jetzt alle Messungen am Perimeter gemacht, bei welchem als Fixationsobject eine Elfenbeinkugel auf dem dunklen Grunde des Perimeterrahmens dient. Kein Kranker, überhaupt Niemand, ist nun im Stande, sein Auge völlig in derselben Stellung zu erhalten, so dass das Bild der Kugel beständig genau auf die Fovea fiele, der Kranke wird sogar unwillkürlich, sobald eine Stelle der Netzhaut ermüdet ist, eine Bewegung mit dem Auge machen, um sich ein frisches ungeschwächtes Bild zu verschaffen und auf diese Weise wird bald diese bald jene Partie eines grösseren, die Macula umgebenden Gebietes das Bild der Kugel erhalten, den Eindruck und — auch das Nachbild derselben bewahren. Ueberall, wo die von dem gelblichweissen Knopfe ausgegangenen Strahlen eingewirkt haben, werden die roth- und grünempfindenden Fasern sich in einem Zustande von Ermüdung befinden, so dass die blauempfindenden ein bedeutendes Uebergewicht erhalten und auch weisse Flächen blassbläulich erscheinen.

Ich bin der festen Ueberzeugung, dass dieses Verhältniss bei meinen unten folgenden Fällen eine Rolle gespielt hat, und glaube dasselbe auch für die von anderen Autoren mitgetheilten annehmen zu dürfen, sei es nun, dass eine weisse Kugel, ein weisses Kreuz oder dergleichen als Fixationsobject benutzt werden. Da ich erst in letzter Zeit auf diesen Punkt aufmerksam wurde, konnte ich allerdings feststellen, dass das Scotom nicht allein durch Anwendung eines hellen Fixationsobjectes hervorgerufen wird, sondern dass auch die übrigen Momente zu seiner Entstehung beitragen, jedoch konnte ich noch nicht durchexperimentiren, ob nach Vermeidung jeder Blendung und Ermüdung (durch Aufenthalt im Dunkeln) vor der Messung das Scotom nachweisbar bleibt. Etwas Aehnliches lässt sich nun bei normaler Netzhaut nur durch sehr lange fortgesetzte Fixation und auch dann noch nicht im gleichen Grade erreichen. Die Alkoholiker schildern die Verschiedenheit der centralen und peripherischen Eindrücke oft als sehr bedeutend, und so beruht die Möglichkeit, dass sich ein solcher Torpor ausbilden, eine solche Ermüdung einstellen kann, allerdings in einer Eigenthümlichkeit der Intoxicationsamblyopieen, nämlich in der ˙erhöhten Ermüdbarkeit der Retina, diese wieder in der schlechten Blutbeschaffenheit.

Der Fall 46 oben bot denselben Befund dar und ist wahrscheinlich die nächste Ursache des Scotoms bei ihm dieselbe, die weitere dagegen locale Anaemie in Folge Compression der Centralarterie in Folge von Neuritis. Wenn auch Ermüdung und Ueberblendung hauptsächlich bei der Intoxicationsamblyopie zur Wirksamkeit kommen, so bin ich doch der Meinung, dass auch bei den meisten übrigen Processen ihr Einfluss für die Entstehung der Scotome nicht unbedeutend ist.

Als Erläuterung diene folgender typischer Fall von Intoxicationsamblyopie.

Als Patient in das Zimmer trat, bemerkte die Nase sofort einen starken Geruch von einem Gemisch von Alkohol und Tabak herrührend, dem Auge bot sich der starke Tremor, die hastigen Bewegungen, endlich wenn man will die schönsten Säuferpocken dar, so dass die Diagnose von Weitem zu machen war.

Nr. (59, XXV). B., 32 J., Wirth. 30/IX. 73. Seit Neujahr starke Abnahme der Augen. Raucht sehr viel, trinkt als Wirth. Schwankt stark bei geschlossenen Augen und Füssen. Zittert an Kopf und Händen, auch die Zunge zittert; Rachenkatarrh. Patient giebt an, dass er schon längere Zeit sehr nervös und aufgeregt sei. Er hat wenig Appetit, Morgens fast gar keinen; der Schlaf ist ruhig, nicht träumerisch. Patient war nicht syphilitisch. Acne an der Nase und auf der Stirn.

S. bdsts. $\frac{1}{20}$. Aeussere Hälften der Optici sehr blass.

Im Spectroskop Gelb-Blau. Alle Pigmentfarben werden erkannt. (Grün in kleinerer Fläche nicht.)

Während auf dem R. Auge das Gesichtsfeld vollständig normal, ohne Scotom ist, zeigt das L. ein Förster'sches Scotom. In einem kleinen Bezirk um den Fixationspunkt herum erscheint Grün = Grau, Roth = Gelb. Für Weiss war kein Unterschied nachweisbar.

Nr. 60. 31 J. Die Augenerkrankung trat mit heftigem Kopfschmerz über den Orbitalrändern ein. Patient ist verheirathet, hat 5
Kinder, das letzte ist 2½ Jahr alt. Sein Schlaf war früher sehr unruhig und träumerisch. Er raucht per Tag 4—6 Granson-Cigarren,
hat Morgens keinen Appetit, trinkt 5—6 Glas guten rothen Wein. Seit
3 Wochen Jodkali gebraucht ohne Erfolg. E. S. L. ⅔. R. ½.
Ophth. Optici trüb-roth. R. nach unten-aussen beginnt die Por-
cellanfärbung sich auszubilden.

Gesichtsfeld: Aussen- und Farbengrenzen normal. Bdsts.
centrale Scotome, in welchen Roth = Blasser, Grün = Graulich, Blau = Intensiver Blau. Weiss = Blau, Hellgrün = Grauweiss erscheint.

Im folgenden Falle wurde anfänglich mit Objecten von 20 mm.
vergeblich nach Scotomen gesucht.

Jetzt wo die Sehschärfe sich L. auf ⅔, R. auf ¼ gehoben
hat, ist R. mit kleinen Objecten von 5 mm. Grösse ein Scotom
nachzuweisen, welches sich besonders für Farben bemerkbar macht,
aber auch für Weiss in geringerem Grade vorhanden ist.

Nr. 61. K., 49 J. 4/VI. Kahlkopf, nur noch wenige graue Haare;
nyctalopisch, leidet an den Folgen reichlichsten Coguac- und Tabak-
genusses. Tremor artuum et linguae, chron. Magenkatarrh bis zur völligen Appetitlosigkeit.

Bdsts. S. 1/20. R. etwas sicherer als L. Spectros. R. schwärzlich,
Gelb, weisslich, Blau. L. Gelb, weisslich Blau. Von Pigmentfarben wird einzig Grün nicht erkannt, Braun genannt.

Ophth. Bdsts. äussere Sehnervenhälften weiss und matt, innere
schmutzig, röthlich und trüb.

5/7. Das Gesichtsfeld zeigt alle Farben in normaler ausserordentlich weiter Ausdehnung, ein Scotom ist auch mit
Farben nicht nachweisbar. Karlsbader Wasser. Kaltwasserkur.

8/III. S. ½. Farben alle im Spectros. und Pigment. Lesen in der
Nähe schlecht, braucht convex 6. Acc. gelähmt in Folge schlechter
Ernährung.

Optici innen normal geröthet, äussere Hälften besser gefärbt. Im
September ist L. S. ⅔. R. ¼. Bdst. sind die äusseren Papillenhälften
noch blass. Gesichtsfeld normal, im Spectroskop alle Farben,
nur R. centrales Scotom, in welchem Grün dunkler, grauer,
besonders aber Roth verändert erscheint, nämlich gleich
gelbgrün. Auch Weiss wird im Scotom etwas dunkler.

Bei folgendem Falle ist nicht ganz sicher, ob eine einfache
Intoxicationsamblyopie vorgelegen hat, vielleicht gehört er unter
die Fälle Seite 103. Möglicherweise sind aber die Apoplexieen, die
nicht zum Bilde der Intoxicationsamblyopie gehören, daraus zu
erklären, dass Patient Bluter war.

Nr. 62. 54 J. 3/XI. Seit 10 Wochen Abnahme beider Augen. Dann und wann Schwindel, Schlaf ruhig, Appetit schlecht. Alkoholgenuss in Schnaps und Most; lebt meist in Wirthshäusern, raucht viel, schwankt mächtig bei geschlossenen Augen und Füssen.

L. Finger in 4′ mit + 10. R. in 9′ mit + 14

Optici beide Grauroth, aussen weiss, Venen breit. R. nach unten eine grosse Apoplexie, L. mehrere. Keine neuritische Erscheinungen. Starke Venenpulsation. L. Bulbus hart.

Pat. hat in seiner Jugend viel an Nasenbluten und Herzklopfen gelitten. Bei Verletzungen verlor er mehr Blut als andere und zog daraus den Schluss, er habe zu viel Blut. Daher viele Blutentziehungen.

7/XII. Nach Rheum und Fussbädern Schlaf und Appetit gut.

Aussengrenzen des Gesichtsfeldes normal. In der Peripherie des Gesichtsfeldes werden bdsts. alle Farben erkannt, mit Ausnahme des Grün, sie erscheinen lebhaft. Im Fixationspuncte erscheinen alle Farben matt. Grün wird überall schwierig erkannt, bisweilen als grünlich, bisweilen als Grauweis bezeichnet.

Am 14/1. L. II. ¹/₁₄. S. ¹/₄. R. II. ¹/₁₄. S. ¹/₄. entlassen.

Hierher gehören auch die beiden Fälle 63 und 64, die S. 43 bei Gelegenheit der Besprechung der Santonwirkung angeführt wurden. Der eine derselben sah im Scotom Roth = Braun, Hellgrün = Goldgelb. Dunkelgrün = Grau, Weiss = Blassblau. Im Spectroskop wurde Gelb und Blau gesehen.

Analoge Fälle finden sich bei Leber, vergl. auch zwei von Colsmann beobachtete in Berliner klin. Wochensch. 1870. S. 372.

Bei mehreren Fällen ist bemerkenswerth, dass für Roth die im Scotom eintretenden Veränderungen die intensivsten sind. Dieser Umstand weist ebenfalls darauf hin, dass der Vorgang hier nicht ein analoger ist, wie bei der Farbenblindheit in der Peripherie, in Folge von Atrophia optici andererseits erklärt sich die nicht immer gewahrte Uebereinstimmung der Symptome vollständig aus der individuellen Verschiedenheit, die bei der Pigmentirung der Macula gewiss einen bedeutenden Spielraum hat. Vergleiche hier Maxwell, bei dessen eigenem Auge ganz andere Strahlen der Absorption unterlagen, als bei dem eines zweiten Untersuchers.

Wir sind also nicht genöthigt, für das Farbenscotom bei der Intoxicationsamblyopie nach einem, die Macula allein betreffenden Process zu suchen; es bleibt nämlich bei allgemein gesunkener Erregbarkeit der die Macula umgebenden Retina noch das Plus von Farbenempfindung, um welches sie normaler Weise die Macula selbst übertrifft. Ausserdem und besonders in solchen Fällen, wo das Scotom auch für Weiss vorhanden ist, steht noch das selbst unter physiologischen Verhältnissen leichtere Ermüden der Macula zu Gebote, welches bei der Intoxicationsamblyopie in bedeutend gesteigertem Maasse hervortritt.

Wir halten an der oben gegebenen Erklärung der Intoxications-amblyopie fest, nach welcher dieselbe auf schlechter Ernährung und, in Folge davon, leichterer Ermüdbarkeit und Torpor beruht.

Während bei der Embolia arteriae centralis und bei der Compression dieser Arterie durch neuritische Infiltrate oder Ergüsse in die Opticusscheide die Ursache des Scotoms in der lokalen Anaemia retinae lag, so liegt bei der Intoxicationsamblyopie die Grundursache in der relativen Anaemie, in der schlechten Blut-zusammensetzung, die im Gehirn zum Delirium führt, in der Retina nicht im Stande ist die nervösen Elemente und besonders die der Macula widerstandsfähig gegen die Einflüsse des Lichtes zu erhalten.

Es leuchtet ein, dass wenn beide Ursachen, die schlechte Ernährung als Grundursache, als causa efficiens die Blendung u. s. w. zu lange einwirken, auch diese Form zu Amaurose führen kann, indem auch die minder leicht zerstörbaren Elemente der Peripherie nicht mehr länger Widerstand zu leisten vermögen, und zwar wird sie eine Zeit lang als Atrophia progressiva mit Scotom verlaufen.

Der opthalmoskopische Befund bei der Intoxicationsamblyopie mit Scotom, und dies ist ja fast Regel ohne Ausnahme, ist, wie schon Leber hervorgehoben hat, charakteristisch. Man findet sehr hervortretende Blässe in den äusseren Papillenhälften. Ein gewisser Spielraum ist freigelassen, d. h. in günstigeren Fällen beschränkt sich die Verfärbung vielleicht auf die äusseren Viertel, in anderen hat fast die ganze Papille ihre normale Farbe ein-gebüsst, es kann sich auch in Folge secundärer venöser Stauung leichtes Oedem der Papille mit Trübung derselben einstellen. So lange die Fälle frisch sind, handelt es sich nur um ungenügende Füllung der Gefässe auf der Papille und zwischen den Nervenfasern. Da wo die letzteren in dünnerer Schicht liegen und, mithin auch die Gefässe spärlicher sind, nach der Seite der Macula zu, wird das Weiss der Lamina zuerst zum Durchscheinen und stärker als Factor für die Färbung der Papille in Frage kommen, als wo die

Nervenfasern und Gefässe dicker liegen. Bis dahin ist noch Rückbildung möglich, die Papille kann wieder ihre rosige Färbung
annehmen.

Kommt der Fall nicht rechtzeitig zur Behandlung, so bleibt
es bei der blossen Anaemie nicht, es tritt allmälig Schwund der
Nervenfasern ein. Dann ist höchstens noch Stabilisirung des
Processes, nicht mehr Rückbildung zu hoffen. Im Gesichtsfelde
gesellen sich zu dem Scotom periphere Anomalien.

Eingangs dieses Abschnittes habe ich gesagt, beim Scotom
der Intoxicationsamblyopie sei keine deutlich nachweisbare Maculaerkrankung vorhanden. Ich wählte diese vorsichtige Fassung aus
gutem Grunde, denn ich habe einen Fall beobachtet (s. unten),
der jedenfalls zu den Intoxicationsamblyopieen zu zählen ist, in
welchem bei genauer Untersuchung der Macula im aufrechten
Bilde bei erweiterter Pupille an dem Vorhandensein pathologisch-
anatomischer Veränderung an der Stelle des gelben Fleckes gar
nicht zu zweifeln war. So markirt, wie bei der Chorioretinitis
postica und bei der Embolie und ähnlichen Processen, ist dieselbe
nicht. Es bestätigt diese Beobachtung meine Annahme, dass die
Zapfen der Macula zuerst der schlechten Ernährung in Verbindung
mit der Blendung zum Opfer fallen. Wird gerade in diesem
Momente der Patient einer geeigneten Behandlung unterzogen, so
kann Stabilisirung des Processes erreicht werden, bevor auch die
Peripherie in untilgbarer Weise beeinträchtigt worden ist. Es
wird sich eine centripetale Atrophie der zu den betroffenen Zapfen
gehörigen Fasern einstellen und die Blässe der der Macula zugekehrten Papillenseite nunmehr eine bleibende sein. Leber nahm
einen centrifugalen Process als Ursache des Scotoms und der
atrophischen Färbung der Papille an, nach mir ist es ein centri-
petaler.

Nr. 65. K., 66 J., Schreiber. 6/III. Seit November Abnahme des
L. Auges. Schnupft stark, trinkt 3 Schoppen Wein und etwas Schnaps.
Leidet fast immer an Magenkatarrh, schläft nur bis 2 Uhr Morgens,
träumt viel. Starker Tremor.

R. II. $^1/_{24}$, S. $^2/_3$. L. II. $^1/_{24}$, S. $^1/_{20}$.

Sehr enge Pupillen. Im Spectroskop Blau, Grün oder Weiss, Roth.

Gesichtsfeld R. normal. L. wird ein matteres Grün nicht
erkannt und besteht ein centrales Scotom für alle Farben,
auch Weiss. Ophth. Aeussere Hälften blass, R. mehr als L., wo die

Trübung stärker ist. L. in der Macula um die Fovea ein dunkler Pigmenthof, hintere Ciliargefässe enorm ausgedehnt; Beginn eines atrophischen Processes an dieser Stelle.

Wir kommen zu den progressiven mit Scotomen verlaufenden Formen. v. Graefe sagt: „Mit dieser Zuthat (Einengung des Gesichtsfeldes) haben centrale oder excentrische Unterbrechungen in der Regel die Bedeutung progressiver Erblindung, obschon bei ihnen weniger als bei den gewöhnlichen, lediglich mit Gesichtsfeldeinengung vorgehenden Fällen eine genuine Atrophie zu Grunde zu liegen scheint." Er hatte bei solchen primitiv scotomatösen Erblindungen mehrere Male Gelegenheit, congestive Kopfsymptome zu beobachten und in der Gehirnsubstanz die Veränderungen anhaltender Hyperaemieen, selbst multiple Encephalitisheerde nachzuweisen.

Progressive Atrophie.

Dass eine grosse Zahl dieser Fälle aus den oben Seite 106 mitgetheilten hervorgeht, steht fest. Einen anderen Bruchtheil liefern die veralteten Intoxicationsamblyopieen. Ob aber nicht auch die genuine Atrophie, einbegriffen die nach andauernden schwächenden Momenten, mit Scotomen verlaufen kann, ist zweifelhaft, es scheint mir jedoch wahrscheinlich, dass im Anfange, wenn sich eben die beginnende Degeneration der Nervensubstanz merklich macht, zugleich unter dem Einflusse von schlechter Ernährung, Blendung u. s. w. sich die Sehstörung hauptsächlich im centralen Sehen aussprechen kann.

Nach dieser Anschauung müsste es vorkommen, dass die progressive Atrophie mit centralem Scotom ihren Gang eröffnet; jedoch ist dieser Verlauf selten. Die Messung der Farbengrenzen gestattet uns der „Einengung des Gesichtsfeldes" einen genaueren Ausdruck zu geben, indem wir statt dessen setzen: Einschränkung der Farbengrenzen oder Unempfindlichkeit gegen Grün und Roth — und so finden sich dann bei der Atrophie verdächtigen Processen mit Scotomen fast immer auch Anomalien der Peripherie.

In der That, wie wir oben gesehen haben und wie aus den folgenden Krankengeschichten wiederum hervorgeht, kann die Aussengrenze noch normal sein, während doch Se bedeutend herabgesetzt ist.

In folgenden Fällen ist das centrale Scotom Theilerscheinung der progressiven Atrophie, beziehungsweise Atrophie nach Neuritis.

Nr. (66, XXVII). 53 Jahre alt. 3/XI. Seit einem Jahre machte sich Abnahme beider Augen bemerklich, während gleichzeitig unruhiger Schlaf, Kopfschmerzen, Eingeschlafensein der Hände und Füsse vorhanden war. Der Appetit und Stuhlgang war immer gut. Patient ist ein abgemagertes schwächliches Individuum. Sonstige krankhafte Zustände sind nicht aufzufinden.

Die Pupillen sind beide weit und schwer beweglich.

L. Finger in $2\frac{1}{2}$, R. in $1\frac{1}{2}$ Fuss.

Ophthalmoskopisch: L. Opticus in der inneren Hälfte rothgrau, in der äusseren vollkommen grau, flach, umkreist von einem helleren weissen Saume. Nach aussen drittelpapillengrosses Staphylom von einem Pigmentsaume begrenzt. Gefässe stark geschlängelt. Keine sichtbar ausgesprochene Maculaerkrankung Pigment im ganzen Augenhintergrunde unregelmässig angeordnet.

R. ist die Papille noch trüber, sonst ist der Befund ganz derselbe.

Am Photometer findet sich bedeutende Herabsetzung der Lichtperception.

Das Gesichtsfeld XXVII zeigt bdsts. centrale Scotome des Nichtsehens über Macula und blinden Fleck hinausreichend, umgeben von einem Hof des Undeutlichsehens. Die Aussengrenzen sind nicht beschränkt, mit Farben wurde nicht untersucht.

Nr. 67. 29 J. 1/III. Pat. machte die schweizerische Grenzbesetzung gegen Bourbaki mit, mit allen ihren Anstrengungen und Schädlichkeiten und schreibt diesen die bald eintretende Abnahme des Sehvermögens auf beiden Augen zu.

R. in 12 L. in 5 Fuss.

Ophth. Optici blass mit Zeichen vorausgegangener Neuritis. Die Aussengrenzen der Gesichtsfelder nicht sichtlich beschränkt. Bdsts. wird jedoch grün (= grau) nicht erkannt und finden sich centrale Scotome, L. des Nichtsehens, R. des Undeutlichsehens.

Nach Strychninbehandlung trat eine geringe Besserung ein.

Nr. 68. 38 J. Pat. weiss nichts Bemerkenswerthes anzugeben, als dass er vor 3 Monaten Nebel vor den Augen und etwas Kopfschmerz hatte. Vor 10 Jahren hatte Pat. einmal Schanker doch nie etwas Secundäres. Starker Kahlkopf, auffallend atheromatöse Temporalarterien. Steht nicht ganz fest bei geschlossenen Augen und Füssen.

Ausserordentlich enge Papillen. R. S $\frac{1}{7}-\frac{1}{5}$, L. S. $\frac{1}{20}$, suchend.

Ophth. Aeussere Hälften atrophisch trüb, grau. Contouren scharf, keine Schwellung, Gefässe schmal.

Gesichtsfeld peripherisch frei. Bdsts. wird Grün nicht erkannt, Roth nur L. an einzelnen Stellen des Gesichtsfeldes.

L. Scotom (in 50 cm. Entfernung gemessen, hatte dasselbe einen Durchmesser von 3 bis 6 cm.) Das Scotom hatte für die Farben verschiedene Ausdehnung.

Nr. 69. 38 J. 8/III. Patient arbeitet seit 25 Jahren bei Licht
und Feuer. Vor 10 Monaten nahmen plötzlich beide Augen ab, in Zeit
von 2 Tagen, theilweise unter hemeralopischen Erscheinungen. Seit 2
Monaten begann sich auch Abnahme des Gedächtnisses einzustellen;
allgemeines Schwächegefühl ist schon seit 2 Jahren vorhanden. Patient
raucht viel, trank mässig. Kein Kopfschmerz. Appetit und Schlaf gut.
Aufgeregtes Wesen. Stottern. Pat. war nie syphilitisch. Er hatte sehr
viel Unglück und Kummer.

Beide Papillen sehr blass, besonders die äusseren Hälften, welche
auch excavirt sind. Gefässe schmal.

Aeusseres Gesichtsfeld normal. L. Roth und Grün nicht
erkannt. Bdsts. im Centrum alle Farben undeutlicher.

Am 9/IX. war kein Scotom nachzuweisen. Nach Strychnin
geringe Besserung.

Ausserdem mache ich aufmerksam auf die Krankengeschichten 8.
10. 11. in meiner Arbeit, Zehenders Monatsblätter für 73. S. 192 ff.

Das Verschwinden des Scotoms im Falle 69 ist ein Beweis,
dass das Scotom bei der progressiven Atrophie bisweilen mit
Sicherheit auf Rechnung nebensächlicher Momente, schlechter
Ernährung und Blendung gesetzt werden kann.

Die vorstehenden Fälle tragen alle ihr Urtheil im Verhalten
der Farben im peripherischen Gesichtsfelde. Wie scharf treten
diesen die Intoxicationsamblyopieen mit ihren, bis an die äusserste
Peripherie reichenden Farbengrenzen entgegen.

Zur Diagnose und
Prognose.

Momentan kann auch bei der Intoxicationsamblyopie Farbenblindheit bestehen, wie Nr. 61 und wahrscheinlich auch Nr. 62
(natürlich partielle, die selten bis zur Unempfindlichkeit für Roth
gediehen ist), jedoch ist, nachdem die Netzhaut vor Blendung und
Ermüdung eine Zeit lang bewahrt wurde, die Farbenempfindung
normal, während hier bei der Atrophie die Farbenstörung nicht
zurückgeht.

Aus der Art des Scotoms selbst sind, wie schon v. Graefe
und Leber hervorheben, meistens keine prognostischen Schlüsse
zu ziehen, wenn nicht vielleicht der Umstand werthvoll ist, dass
bei Intoxicationsamblyopie wohl Scotome für Roth, nicht für Grün
allein vorkommen, gewöhnlich für beide, während bei der Atrophie
das Scotom natürlich zuerst für Grün nachweisbar sein müsste.

Dies dürfte bei folgendem Falle zu berücksichtigen sein, bei
welchem die Aussengrenze und, wie die Grüngrenze zeigt, auch
die Farbengrenzen annähernd normal waren und nur ein Scotom

für Grün bestand. Uebrigens ist die Krankengeschichte zu fragmentarisch, um eine genaue Beurtheilung zuzulassen.

Nr. (70, XXIV). 62 J. 9/11. Seit Herbst nahm das Sehvermögen ab, ohne Ursache, als wenn viel Kummer für eine solche gelten kann. (Geisteskrankheit der Frau.) Alle Functionen gut.

Bdsts. S. $^1/_{10}$.

Ophth. Bei stark geschlängelten, doch nicht sehr breiten Venen atrophische Färbung des L. und durchgängige Trübung des R. Opticus. Centrales Scotom für Grün, sonst Gesichtsfeld normal.

Von den vorstehend mitgetheilten Fällen trug nur einer, 58, die Zeichen vorausgegangener Neuritis an der Papille, bei den übrigen zeigte diese durchgängig atrophische flache Excavation nebst grauer Färbung.

Es schliesst dieser Befund natürlich die Möglichkeit, dass doch eine Entzündung vorausgegangen sein könnte, nicht absolut aus, doch gewinnt durch denselben die Annahme an Wahrscheinlichkeit, dass auch genuine, progressive Atrophie unter dem Einfluss von Ueberblendung u. s. w. im Anfange mit Scotomen verlaufen kann, ebenso veraltete Intoxicationsamblyopie, die zu Atrophie führt.

Vergleiche hier den Fall Nr. 11, bei welchem das aetiologische Moment der Intoxication deutlich hervortritt, bei welchem sich jedoch der Uebergang in progressive Atrophie vollzogen hat.

Wie aus Neuritis mit Compression der Centralarterie sich Atrophie mit Scotom herausbilden kann, ist oben erwähnt, ebenso wie man sich das Zustandekommen eines stationären Scotoms denken kann.

Die Entscheidung, ob ein Fall progressiv oder günstig sei, ist meist nur aus dem Verhalten des übrigen Gesichtsfeldes zu entnehmen, nach den mehrfach entwickelten Normen.

Die Scotome, bei welchen es früher oder später zu anatomischen Veränderungen in der Macula kommt, lassen über ihre Bedeutung keinen Zweifel; sie selbst sind der Kern des Leidens und gegen sie richtet sich die Therapie. Weder an und für sich, noch in Beziehung auf den ganzen Process, kommt den Scotomen bei der Intoxicationsamblyopie eine Bedeutung zu, da sie gewissermassen nur der Ausdruck der physiologischen Verschiedenheit zwischen Macula und Peripherie, ja zum Theil nur künstlich durch

Benutzung eines hellen Fixirobjectes hervorgerufen sind. Im Anfange
ihres Bestehens gilt das Gleiche für die Scotome bei Compression
der Centralarterie und dadurch herabgesetzter Widerstandsfähigkeit
der Netzhaut. Ueber ihre Bedeutung im weiteren Verlaufe habe
ich weiter oben gesprochen.

In Beziehung auf Genesung sind die Angaben v. Graefe's[1])
folgende:

„Sind centrale Scotome einmal länger als etliche Wochen stabi-
lisirt und tritt hierzu sichtliche Degeneration der Papille, so darf
eine restitutio ad integrum nicht gehofft werden. Häufig tritt noch
etwas Besserung im Sehen dadurch ein, dass eine excentrische
Partie abnorm grosse Sehschärfe erlangt. Besser ist die Prognose
für diejenigen Fälle, in welchen noch mit dem Centrum gesehen
wird, denn begreiflicherweise muss die Affection, welche die Leitung
unterbricht, eine weit schwerere sein, wenn derentwegen das
centrale Sehen aufgegeben wird." An einem anderen Orte bezeichnet
er als die günstigen Formen die, in welchen der Kranke gleichsam durch das Scotom hindurchsehe. Es sind dies die Ermüdungs-
und Blendungsscotome bei Intoxicationsamblyopie, Compression
der Arteria centralis u. s. w.

Diesen Ansichten kann ich mich, wie meine Darstellung zeigt,
vollständig anschliessen.

Die Therapie anlangend, sei mir gestattet, zu bemerken, dass   *Zur Therapie.*
nach meiner Ansicht bei Beurtheilung der Wirkung des Strychnins,
constanten Stromes u. s. w. noch zu wenig Rücksicht auf die
grosse Wandelbarkeit der Erscheinungen bei den Amblyopieen in
Folge von Intoxication und schwächenden Momenten, auch ohne
vorhergegangene Medication, bisher genommen wurde. Ich erinnere
noch einmal an den Fall 61. Sehr instructiv ist auch folgender.

Nr. 71. Jacob M., 41 J., rauchte sehr stark, liess die Pfeife nie aus-
gehen, hat wenig Appetit. Er klagt über Abnahme der Sehschärfe und
Farbenempfindung. Pat. hat die trockne, gelbliche, lederartige Haut der
Raucher, ist sehr blass und hat anaemische Schleimhäute. S. bdsts. $\frac{1}{10}$—$\frac{1}{7}$,
die Optici bdsts. sehr blass und leicht getrübt. Im Gesichts-
felde deutliche Scotome. Er erkennt Grün auch in der Peripherie
nicht. Ihm wurde gerathen, sich möglichst bald in's Spital aufnehmen
zu lassen und sich inzwischen zu schonen und des Rauchens zu enthalten.

1) Zehender, Monatsblätter 1865, S. 212.

Nach 3 Tagen kam er in's Spital, hatte nicht mehr geraucht, sich keiner Blendung ausgesetzt, S. war R. ¹/₂, L. ¹/₃, alle Farben wurden erkannt, nur L. war noch undeutlich ein Scotom nachzuweisen. Hätte man gleich eine Strychnininjection gemacht, so zählte der Fall zu den Erfolgen.

Beidseitiges Auftreten der Scotome.

Was das gleichzeitige Auftreten der Scotome betrifft, so sagt Förster[1]: Je ne mentionne ici qu'une affection dont la lésion anatomique nous est essentiellement inconnue; j'entends une amblyopie, dans laquelle l'ophthalmoskope ne révèle rien d'anormal, quoique le malade ne puisse distinguer que des objets assez grands tels par exemple que des lettres VIII. de Snellen, ce qu'il y a spécifique dans ces cas, c'est qu'ils sont constamment bilatéraux et qu'il se trouve dans chaque champs visuel, un point, où la vue ou bien manque tout à fait ou bien est très émoussée et qui s'étend de la tache de Mariotte jusqu' au point de fixation et encore au delà."

Auch Leber[2] hebt das häufige Vorkommen auf beiden Augen zu gleicher Zeit hervor, bleibt aber die Erklärung dafür schuldig. Es liegt nahe, die von ihm zur Erklärung der centralen Scotome angenommene Perineuritis des Opticus, zwischen Chiasma und foramen opticum, an das Chiasma selbst zu verlegen, eine Entzündung rings um dasselbe und die aus demselben auslaufenden Optici anzunehmen und aus dieser die doppelseitigen centralen Scotome herzuleiten oder eine Fortleitung vom Arachnoidealraum längs der Sehnervenscheiden anzunehmen. v. Graefe ist nicht dieser Ansicht, ihm erschien es viel „annehmbarer, dass in dem centralen Ende der Sehnerven eine umschriebene Krankheitsursache obwaltet, und dass für diese Regionen die sonst für paarige Sinnesorgane herrschende und in den äusseren Theilen des Auges oft so frappante symmetrische Tendenz sich bethätigt."

Wo Scotome als Begleiterscheinungen der progressiven Atrophie auftreten, hätte möglicherweise die v. Graefe'sche Erklärung zutreffend sein können und ist daran zu erinnern, dass auch die peripherischen Defecte bei dieser Krankheit häufig auf beiden Augen symmetrisch auftreten.

Nach meiner Anschauung, nach welcher die Scotome in der

---

1) a. a. O.
2) Zehender 1865, S. 213.

Mehrzahl der Fälle auf schlechter Ernährung und Blendung beruhen, dürfte die Erklärung der Beidseitigkeit darauf zurückzuführen sein, dass diese beiden Momente für gewöhnlich im gleichen Masse für beide Augen vorhanden sind.

Peripherische Scotome.

Diese beruhen mit Ausnahme von Blutungen und Netzhautablösungen alle auf Affection der Chorioidea mit Laesion der percipirenden Schicht. Dasselbe gilt auch für das Ringscotom.

Nur in einem Falle von Neuritis schien sich ein sectorenförmiger Ausfall so zurückzubilden, dass der spitze Winkel als Scotom zurückblieb; doch habe ich diesen Fall nur einmal untersucht und mag hierauf kein grosses Gewicht legen. Abzusehen ist auch von den Scotomen für einzelne Farben, wie sie bei progressiver Atrophie aufgefunden werden, dieselben sind diffus und lassen sich nicht begränzen; es befinden sich vielmehr nur wenige Stellen der Netzhaut soweit über dem Niveau, dass mit denselben noch die betreffende Farbe erkannt wird. Ausserdem sind diese Stellen sehr wandelbar.

Man sagt also besser positiv: die und die Farbe wird nur an einzelnen Stellen noch erkannt (wie dies auch oben geschehen ist, vergl. den Fall Nr. 10), als negativ: sie wird an bestimmten Stellen nicht erkannt; von circumscripten deutlich nachweisbaren Scotomen ist nicht die Rede.

Weitaus die meisten peripheren Scotome liefert die Chorioiditis disseminata. Man weist sie nach, indem man notirt, wo das weisse Blättchen verschwindet oder undeutlich wird und wieder auftaucht. Für Farben besteht kein Unterschied. Wo Weiss nicht gesehen wird, werden auch die übrigen Farben nicht erkannt. Das Verhalten dieser peripherischen Scotome ist überhaupt ganz das der centralen bei Chorioretinitis postica. Zu der Untersuchung gehört ein ziemlich intelligenter Patient.

Häufig kommen die Kranken selbst mit der Klage über Verdunklungen im Gesichtsfelde, häufig ist es bei sorgfältigster Unter-

suchung nicht möglich, Scotome aufzufinden wegen nicht genügender
Aufmerksamkeit und Fassungskraft des Patienten; in einer grossen
Anzahl endlich fehlen die Scotome wirklich. Behufs Erklärung
der Scotome darf man nicht auf die Glaskörperflocken recurriren,
denn einmal fehlen diese in manchen Fällen von Chorioiditis mit
Scotomen und zweitens müssten die durch sie bedingten Scotome
veränderlich sein. Die Scotome erscheinen aber fix und geht auch
aus meinen Beobachtungen hervor, dass jedesmal mit einem frischen
Schube chorioiditischer Knötchen (Infiltrationen) ein neues Scotom
auftrat oder ein schon bestehendes Scotom sich vergrösserte.

Diese Infiltrationen der Chorioidea verursachen zuerst durch
Druck auf die Stäbchen die Scotome; so lange sind die letzteren
noch rückbildungsfähig; später, wenn die Lösung des chorioiditischen
Processes nicht in günstiger Weise erfolgt, werden die äusseren
Schichten der Retina mit in die narbige Schrumpfung hinein-
gezogen (bekannt sind die microskopischen Bilder) und damit ist
das Scotom bleibend.

Falls eine Infiltration in der Macula ihren Sitz hat, so tritt
natürlich die Metamorphopsie mit allen ihren Symptomen auf.

Wo keine Scotome nachweisbar sind, liegt die Affection nicht
in der innersten Schicht der Chorioidea.

Uebereinstimmend sagt Fetzer[1]: „Bei genauer Untersuchung
intelligenter Patienten lassen sich blinde Flecken im Gesichtsfelde
und bald kleinere bald grössere inselförmige Scotome zuweilen in
so grosser Anzahl constatiren, dass das Sehfeld gleichsam siebförmig
durchlöchert erscheint.“

Die Scotome befinden sich in der Regel in einer intermediären
Zone zwischen 10^0 und 40^0 vom blinden Fleck. Auf die Ursache
dieser Anordnung komme ich noch beim Ringscotom ausführlicher
zurück. Vergleiche die Gesichtsfelder XXVIII und XXIX.

---

1) Fetzer, Dissertation, Beitrag zur Lehre von der Chorioiditis disseminata. Tübingen 1870. S. 29.

Das Ringscotom

ist noch eine sehr wenig aufgeklärte Erscheinung und ich gestatte mir daher bei der Betrachtung desselben eine grössere Ausführlichkeit, da mir mehrere Fälle zu Gebote stehen, die geeignet scheinen, Licht auf dieses Gebiet zu werfen.

Bei welchen Processen sind bis jetzt Ringscotome beobachtet? Sind die ersteren vielleicht unter einen Gesichtspunkt zu bringen und haben sie vielleicht durch dasselbe anatomische Mittelglied das Scotom verursacht?

Liegt die Ursache in der Chorioidea oder in der Retina? Endlich — ist die Ringform, wie Hersing vermuthet, auf Rechnung der Retinalgefässe zu setzen? —·eine Annahme, die mit der Entscheidung der vorhergehenden Frage steht und fällt — oder woher ist eine andere Erklärung für die zonuläre Anordnung zu nehmen? Das sind die Fragen, deren Beantwortung wir versuchen wollen.

Aus der Literatur habe ich zu den von Hersing[1]) erwähnten Fällen von Ringscotom keine neuen hinzuzufügen, dagegen sind mir selbst eine Anzahl dahingehörender vorgekommen, von denen mehrere sehr genau während längerer Zeit beobachtet werden konnten.

In allen diesen Fällen lag dem zonulären Scotom der nämliche Process zu Grunde, so dass ich mich berechtigt hielt, darauf hin mir eine eigene Ansicht zu bilden und auch veranlasst fühlte, kurz die schon bekannten Fälle durchzugehen, um zu sehen, ob nicht vielleicht dort derselbe Process vorgelegen haben könnte.

Die Mittheilungen über diese Fälle sind ziemlich fragmentarisch, besonders über den ersten. Graefe[2]) fand einen zonulären Gesichtsfelddefect bei einer Amblyopie aus cerebraler Ursache. Die Kürze der Angaben macht es unmöglich, eine andere Deutung zu suchen.

Sehen wir von diesem Falle ab, so vertheilen sich die übrigen Fälle (von Graefe und Mooren beobachtet) — etwa 8 an der Zahl. keiner der beiden Beobachter giebt genaue Zahlen an —

1) A. f. O. B. 18. 2, S. 69.
2) A. f. O. B. II, 2.

auf drei Processe, auf Retinitis pigmentosa, Retinitis specifica und
Chorioiditis disseminata (specifica) mit secundärer Pigmenteinlagerung in die Netzhaut.

Was die Retinitis pigmentosa betrifft, so macht sich immer
mehr das Bedürfniss geltend, bei derselben eine Scheidung in
verschiedene Categorien eintreten zu lassen. Es figuriren noch
Fälle, bei denen jede Chorioidealerkrankung fehlt, mit solchen, wo
dieselbe mehr weniger ausgebreitet ist, in derselben Rubrik.

In den erwähnten Fällen von Retinitis pigmentosa sehe ich
Fälle von Chorioiditis mit secundärer Netzhautpigmentirung. Von
allen ist wenig mehr angegeben, als der Namen Retinitis pigmentosa, und man wird mir zugeben, dass bis in die jüngste Zeit
die Sonderung dieser Zustände viel zu wünschen übrig liess. Bei
Chorioiditis mit secundärer Pigmenteinlagerung in die Netzhaut —
man nennt diese Form am besten Chorioretinitis pigmentosa —
hat Mooren mehrere Male den ringförmigen Defect beobachtet;
unsere Fälle gehören sämmtlich unter diese Bezeichnung. Es
bleiben noch die Fälle von Retinitis specifica. Vielleicht ist auch
für diese die Annahme einer durch die Retinitis verschleierten
Chorioiditis disseminata möglich. Dass häufig erst ein Chorioidealprocess zu Tage tritt, wenn die Trübung einer Retinitis specifica
sich zurückgebildet, ist bekannt und mag unten noch durch einen
unserer Fälle illustrirt werden, sei es nun, dass beide Processe
coordinirt oder die Chorioiditis secundär ist.

Eine secundäre Pigmentirung der Netzhaut kann natürlich in
den zuletzt aufgezählten Fällen nicht dagewesen sein, wäre vielleicht aber später noch eingetreten. Jedoch bedürfen wir auch
der Pigmententwickelung nicht, um eine gemeinsame Grundlage
für das zonuläre Scotom zu gewinnen.

Hierher möchte ich auch den Fall Hersing's rechnen. Es
war eine Chorioretinitis vorhanden, anfangs herrschte die Retinitis
vor, später begann sich die Chorioiditis zu zeigen. Gegen den
Einwurf, dass die Aderhautveränderungen zu geringfügig seien,
um diese Auffassung zuzulassen, einen Einwurf, den man auch
vielleicht bei einer sogenannten Retinitis pigmentosa mit zonulärem
Gesichtsfeldausfall machen könnte, wenn sich nur unbedeutende
Chorioidealaffection fände, erinnere ich daran, dass Leber in
einem Falle von Retinitis pigmentosa latente Aderhautverän-

derungen fand. Er vermuthet, dass diese häufiger bei R. pigmentosa vorhanden sein mögen, auch wenn sie dem Augenspiegel nicht zugänglich sind.

Die Frage nach der anatomischen Ursache des Ringscotoms muss von zwei Gesichtspunkten aus ins Auge gefasst werden. Einmal muss die Ursache des Scotoms an und für sich festgestellt, zweitens ein Grund für die eigenthümliche Anordnung in Form einer Zone gefunden werden. Diese beiden Punkte lassen sich jedoch in der Erörterung nicht getrennt halten.

Da man am häufigsten das Ringscotom bei der Retinitis pigmentosa im weiteren Sinne fand, so lag der Gedanke nahe, in dem Pigment selbst die Ursache des Scotoms zu erblicken. Das Pigment nahm in der Netzhaut ebenfalls eine Zone ein. v. Graefe berichtet, dass bei einem Fall der Ausfall des Gesichtsfeldes dieser pigmentirten Zone entsprochen habe. In anderen Fällen konnte dies nicht behauptet werden.

Schliesslich kamen jedoch für die Aufhebung der Perception überhaupt, für die concentrische Einengung des Gesichtsfeldes im Allgemeinen, bei der Retinitis pigmentosa Donders und Schweigger zu der Ueberzeugung, dass der Pigmentirung nicht die Hauptrolle zuzuschreiben sei. Donders sagt, die Pigmentirung der Retina sei nicht als das Wesen der Krankheit aufzufassen, sondern secundärer Natur, die Perception sei oft über die Pigmentirung hinaus erloschen.

Dies gilt natürlich auch für das Ringscotom.

Die Art, in welcher das Pigment ein Scotom bewirkte, müsste man sich so denken, dass es in den vorderen Retinaschichten liegend, dem Licht den Zugang zu den hinteren verbaute. Eine dem entsprechende Menge von Pigment, findet sich gewöhnlich nicht vor und wäre sie vorhanden, so bliebe bei den Fällen von zonulärem Scotom unerklärlich, dass unter dieser in die Faserschicht eingelagerten Masse die Nervenfasern nicht leiden sollten. Davon wäre aber periphere Gesichtsfeldbeschränkung die Folge.

Die Frage liesse sich durch die Phosphene entscheiden. Ich habe darauf hin die betreffenden Fälle geprüft, jedoch nach keiner Richtung hin brauchbare Resultate erhalten.

Die Phosphene müssten nämlich auch in der, dem Scotom entsprechenden Retinapartie erhalten sein, da ja die percipirenden

Elemente nicht zerstört sein sollen, sondern nur der Lichtzutritt verhindert ist.

Da nun Scotome und besonders Ringscotome nicht an die Pigmentirung der Retina gebunden sind, ja auch bei anderen Krankheiten, wo dieselbe fehlt, vorkommen, da selbst bei der Retinitis pigmentosa die Erklärung durch die Pigmentirung nicht zureichend erscheint, so kann man überhaupt wohl von dieser Annahme absehen.

Damit verliert auch der Versuch Hersing's, die Ringform des Scotoms zu erklären, an Boden. Die Pigmenteinlagerung schreitet längs den Netzhautgefässen fort und dadurch wäre eine Deutung möglich erschienen, falls das Scotom wirklich immer der Ausbreitung der Netzhautgefässe entspräche. In Hersing's Fall war kein Pigment in der Netzhaut vorhanden. Er nimmt deshalb zuerst eine nicht sichtbare (und doch für Licht undurchdringliche?) Infiltration in der Umgebung der Netzhautgefässe an, gegen Ende seines Aufsatzes spricht er dann von einer Durchtränkung der Umgebung der Zapfen und Stäbchen, wodurch deren Function gestört sein soll.

Er verlegt also schliesslich die Ursache des Scotoms in die äusseren Retinaschichten und damit meiner Ansicht nach aus der Wirkungssphäre der grossen Retinalgefässe, bei welchen man allein von einer kreisförmigen Anordnung sprechen kann, hinaus.

Nachdem ich zuerst mich bemüht habe, zu zeigen, dass in den schon bekannten Fällen von zonulärem Scotom ein Chorioidealprocess zu Grunde liegen könne, dann die Nothwendigkeit, die Ursache des Scotoms aus den vorderen in die hinteren Retinaschichten zu verlegen dargethan, drittens die Erklärung der Ringform durch die Vertheilung der Retinalgefässe zweifelhaft gemacht habe, will ich jetzt versuchen, den positiven Beweis zu liefern, dass wirklich ein Chorioidealprocess die Ursache des Scotoms und der ringförmigen Anordnung desselben ist.

Zu diesem Zwecke werde ich zunächst die Krankengeschichten mittheilen.

Nr. (72. XXXI) 48 J., kam zuerst am 12. April 70 zur Behandlung. Er hatte vor einem Jahre Schanker und darauf Geschwüre an den Lippen, vor 3 Monaten eine schmerzhafte Hodenaffection gehabt, mit welcher gleichzeitig Abnahme der Augen, zunächst des linken, eintrat. Früher hatte er gut gesehen. Der Befund ergab: L. M. $\frac{1}{48}$, S. $\frac{1}{5}$. R. S. $\frac{1}{3}$ $\frac{1}{2}$.

Ophth. diffuse Trübung und Röthung des Opticus und der Retina. Gefässe breit.

Neuroretinitis specifica. Das Gesichtsfeld wurde nicht gemessen. Am 29. Juli 72 zeigte der Kranke sich wieder und wurde ins Spital aufgenommen. Patient orientirt sich schwer, der Blick ist starr. L. M. $\frac{1}{48}$. S. $\frac{1}{10}$. R. S. $\frac{1}{3}$.

Ophthalmoskopisch finden sich in der Chorioidea zahlreiche atrophische Stellen mit Pigmenthyperplasie in der Umgebung, in der Netzhaut secundäre Pigmenteinlagerung. Die Veränderungen in der Chorioidea halten sich in einiger Entfernung vom Opticus und nehmen die mittleren Particen des Augenhintergrundes ein. Beide Optici sind grauweiss, die Gefässe zahlreich aber schmal. Das Gesichtsfeld XXXI.

L.

Aussengrenze:	Scotomgrenze:	Central sehende Partie:
O. 55	40	O. J. 12—5
A. 70	40	J. 23—5
U. 65	45	J. U. 40—20
J. 70	50	

R.

O. 55	30	O. J. 22—5
A. 75	45	J. 20—5
U. 65	43	J. U. 30—5.
J. 70	50	

Beiderseits liegt die centrale sehende Partie ganz in der inneren Hälfte des Gesichtsfeldes, sie hat eine Ausdehnung von 40° in verticaler und 15 in horizontaler Richtung.

Nach einer energischen Inunctionscur hob sich S. R. auf $\frac{20}{30}$. L. auf $\frac{1}{7}$. Auch dehnte sich R. die centrale sehende Partie aus.

Der zweite Fall wurde nur einmal untersucht und das Gesichtsfeld nicht am Perimeter sondern an der Tafel gemessen. In beistehendem Schema bedeuten daher die Zahlen Zolle vom Fixirpunkte aus, nicht Grade vom blinden Flecke gerechnet.

Nr. (73, x). W., 54 J. Patientin litt schon längere Zeit an Migraine und Schwindel. Seit 4 — 5 Jahren bemerkte sie Abnahme des R. Auges.

L. E. S. 1. R. M. $\frac{1}{36}$, S. $\frac{1}{7}$, Pr. $\frac{1}{24}$.

R. Cataracta incipiens (hintere Polarcataract und äquatoriale Streifen) und Glaskörperflocken. In der Retina feine Pigmentflecke, hauptsächlich nach unten-aussen. Peripher und äquatorial Chorioidea atrophisch.

Das Pigment folgt oft auf lange Strecken den Retinalgefässen. Opticus matt und blass.

Diffuse Chorioretinitis mit secundärer Atrophie der Retina und Chorioidea. (Schema x.)

(Schema x.)

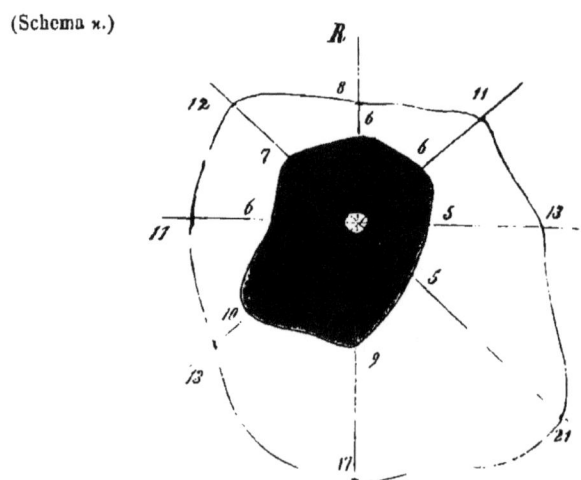

Das Gesichtsfeld zeigt ein vollständiges zonuläres Scotom.

Fälle dieser Art sind es meiner Ansicht nach, welche auch den früher beschriebenen Ringscotomen zu Grunde liegen. Der erstere beginnt als Neuroretinitis specifica, entsprechend der einen Kategorie, der andere würde von Vielen als Retinitis pigmentosa bezeichnet werden und repräsentirt so die zweite Kategorie. Uebrigens spricht auch gegen Retinitis pigmentosa, dass das andere Auge gesund ist.

Aus diesen beiden lässt sich jedoch noch nicht beweisen, dass das Scotom und wie es von der Chorioidealaffection abhängt. Dies lehrt der folgende Fall, in dem das Ringscotom während der Beobachtung entsteht und wächst.

Nr. (74, XXXII, XXXIII. XXXIV). A., 42 J. 1/II. 70. Seit 1868 nahm die Sehschärfe ab. Narben in der Inguinalgegend, geschwellte Leisten- und Halsdrüsen, Narben im Gaumen sind zu constatiren. Patient wurde früher schon an Iritis behandelt.

L. S. ¹/₄. R. Finger in 8 Fuss.

Ophthalmoskopisch: Bdsts. zahlreiche, rundliche, meist gelbglänzende punktförmige Stellen mit leichter Pigmenthyperplasie in der Umgebung, gruppenweise zusammenstehend. R. auch atrophische Stellen von grösserer Ausdehnung und reichlichere Pigmenthyperplasie, besonders in der Macula. Bdsts.

Glaskörperflocken und Cataracta incipiens. Das Gesichtsfeld wurde nicht gemessen. Inunctionskur. Kalium jodat. Salzbrunn-Kemptner Wasser.

Am 21. Aug. 72 wurde das Gesichtsfeld zum ersten Male gemessen.

XXXII. Bdsts. ist ein zonuläres Scotom vorhanden, R. vollständig ausgebildet, L. in Bildung begriffen.

S. war R. $^1/_{20}$, L. $^{20}/_{30}$.

Am 24. Septbr. 72 zeigt das Gesichtsfeld des L. Auges dasselbe Scotom wenig verändert.

R. S. $^1/_{20}$, L. $^{20}/_{30} — ^{20}/_{20}$.

7. Jan. 73. Im October 72 verschlechterte sich das Sehvermögen, hob sich wieder etwas, verschlechterte sich aufs Neue und ist seit Neujahr wie jetzt. Neigung zur Verstopfung immer vorhanden.

R. S. $^1/_{20}$, L. S. $^1/_7$.

Gesichtsfeld XXXIII mit vergrössertem Scotom L.

Ophthalmoskopisch: L., etwa drei Papillenbreiten vom Opticus entfernt, eine Menge kleiner, weisser, rundlicher, nicht scharf umschriebener frischer Infiltrate, hauptsächlich innen, doch auch in der ganzen Peripherie verstreut. Opticus ziemlich geröthet. In der Retina ist kein Pigment nachzuweisen.

Am 2. Februar war L. S. $^{20}/_{40} — ^{20}/_{30}$, am 22. S. $= ^{20}/_{30}$.

Vom 15. März an wurde wieder Abnahme des Sehvermögens bemerkt, ohne bekannte Ursache.

Am 20. März ist S. auf $^{20}/_{100} — ^{20}/_{70}$ herabgesetzt.

Das Scotom hat sich bedeutend vergrössert, XXXIV, es gleicht fast genau dem des ersten Falles.

Ophthalmoskopisch findet sich starke Hyperaemie. Ob neben den älteren Infiltrationen wieder neue aufgetaucht, lässt sich nicht sicher nachweisen.

Verfolgen wir das Scotom im Entstehen.

Am 21/VIII. 72 ist das Gesichtsfeld XXXII folgendes:

L.

	Aussengrenze:	Scotomgrenze:
O.	55	40—5
A.	65	O. A. 45—25
U.	60	Lücke im Scotom
J.	55	U. J. 45—43
		J. 40—30

Aussen und unten ist etwa $^1/_3$ des Gesichtsfeldes frei. Das Scotom erreicht den blinden Fleck nur von oben mit einem schmalen Streifen.

R.

Aussengrenze:		Scotomgrenze:
O.	60	40—23
A.	65	40—25
U.	60	45—33
J.	65	40—30

Das Scotom nimmt eine vollständige Zone ein, die sich min-
destens 20° vom blinden Fleck entfernt hält. Das R. Gesichtsfeld
wurde nicht wieder gemessen wegen der Affection der Macula.

Am 24. Septbr. ergab die Messung des L. Gesichtsfeldes dasselbe Bild mit nur äusserst geringfügiger Abweichung und zwar
Verkleinerung des Scotoms.

Am 7. Jan. war eine Veränderung eingetreten. Nr. XXXIII.

Aussengrenze:		Scotomgrenze:	
O.	40	O.	25—3
			Lücke
A.	65	A.	45—3
U.	55	W. A.	32—3
			Lücke
		U.	33—18
J.	60	J.	58—23

Die Stelle A und A U ist frisch hinzugekommen, die Mitte
der grossen Lücke nach A und A U ist in ein Scotom verwandelt.
Es fehlen jetzt nur noch schmale Streifen nach A O und A U
und das zonuläre Scotom ist fertig. Das Gesichtsfeld wird sich
dann ähnlich dem des ersten Falles gestalten.

In dem Gesichtsfelde vom 20. III. 73, XXXIV, ist dies geschehen. Das Gesichtsfeld ist fast vollständig dasselbe wie im
Falle Nr. (72, XXXI).

Aus diesem Falle lassen sich verschiedene Schlüsse ziehen.

Da kein Pigment in der Retina vorhanden ist, kann das
Scotom nicht durch solches bedingt sein.

Der Kreis um die Macula lutea hat sich im L. Auge zuerst
auf der dem blinden Fleck abgewandten Seite geschlossen.

Im R. Auge erreicht das Scotom den blinden Fleck gar nicht,
ebenso wie in dem von Graefe mitgetheilten Falle.

Alle diese Momente machen einen Einfluss der Retinalgefässe
nach der Annahme Hersing's unwahrscheinlich.

Auch sehen wir die Veränderung des Gesichtsfeldes mit einer Erkrankung der Chorioidea parallel gehen und mit einem frischen Nachschub derselben ein Scotom an einer bisher sehenden Stelle auftreten.

Von der ersten bis zur zweiten Gesichtsfeldaufnahme blieb der ophthalmoskopische Befund derselbe, ebenso die Sehschärfe — das zweite Gesichtsfeld war eher etwas günstiger, als der erste. Vor der dritten Messung trat ein Schub frischer Infiltrationen auf. S. sank von $^{20}/_{30}$—$^{20}/_{20}$ auf $^1/_7$ — dem entsprach die Vergrösserung des Scotoms. Die frischen Infiltrate waren über die ganze Peripherie verstreut, kamen aber im Gesichtsfelde nur dort zur Geltung, wo bis dahin noch gesehen wurde.

In diesem Falle scheint die Abhängigkeit des Scotoms von den Infiltraten der Chorioidea unzweifelhaft zu sein. Die nervösen Elemente selbst werden betroffen, nicht etwa nur dem Lichte der Weg zu denselben verlegt. Es kann sich jedoch nicht um Zerstörung der betreffenden Elemente handeln, da sich solche Scotome theilweise zurückbilden.

Woher die zonuläre Anordnung rühre, darauf werde ich später noch zurückkommen. Dass Infiltrate der Chorioidea in irgend welcher Abhängigkeit von den Retinalgefässen sich befinden sollten, so lange noch durch Verwachsung keine Verbindung zwischen beiden Membranen hergestellt ist, ist nicht anzunehmen und thatsächlich lässt sich in der Anordnung der Infiltrate keine Beziehung zu denselben entdecken; wohl kann secundäre Pigmenteinlagerung in die Netzhaut von deren Gefässen in der Richtung bestimmt werden.

Ehe ich in den Folgerungen weiter gehe, führe ich noch zwei Fälle an, von denen bei dem ersten das Scotom auf dem Punkte ungefähr steht, von welchem aus wir es bei dem so eben besprochenen Falle sich weiter entwickeln sahen.

Nr. (75, XXXV). Z.. 43 J. 21/III. 73. L. M. $^1/_{36}$, S. fast 1. R. E. S. circa $^1/_{10}$. Bdsts. colossale Chorioiditis disseminata. R. stärkere Hyperaemie des Opticus und neben älteren auch zahlreiche frische Infiltrationen.

Das Scotom umgiebt die Macula auf der dem blinden Fleck abgewandten Seite und erreicht den letzteren nicht. Ein Drittel des Ringes ist gebildet, doch ist der Typus nicht gewahrt, da nach innen unten die periphere sehende Partie durch-

brochen ist und ein peripherer Defect sich mit dem Ringscotom in
Verbindung setzt.

Der zweite Fall zeigt uns im Gesichtsfelde XXX den Beginn des
zonulären Scotoms auf noch etwas früherer Stufe.

Nr. (76, XXIX u. XXX). S., 22 J. 28/9. 72. Seit einem Jahre
Abnahme des Sehens. Erst seit 14 Tagen Erscheinungen von Flocken
u. s. w. Nur Kopfschmerz, kein Schmerz in den Augen.

Patient hatte im Jahre 1870 Spondylitis cervicalis, hat auch jetzt
noch Schmerzen im Halse.

Die Augen wurden nicht stark angestrengt. Der Kranke leidet
schon lange an kalten Füssen, so dass er halbe Nächte darum nicht
schlafen kann.

M. $^1/_{18}$. S. R. 1, L. $^2/_3$.

Das Gesichtsfeld vom 12/9., XXIX, zeigt bdsts. kleine Scotome,
besonders auf dem R. Auge.

Ophthalmoskopisch R., besonders in der unteren Peripherie, Stellen
älterer Chorioidealaffection, L. bedeutend zahlreichere und zum
Theil frische Heerde von Chorioiditis.

Um den Opticus drei Stellen markhaltiger Nervenfasern. Chorioiditis disseminata. Patient wurde mit S. 1 entlassen. Im Januar 73
begann S. wieder abzunehmen.

14/IV. 73. Patient ist durch rasches Sinken der Sehschärfe beun-
ruhigt und hat auch den Ausfall im Gesichtsfelde bemerkt. Die
Messung desselben ergiebt das Scotom in XXX. Diesem Scotom entspricht genau im ophthalmoskopischen Bilde eine Stelle, in
welcher frische Infiltrationen in der Chorioidea besonders
gedrängt stehen.

Oben habe ich hervorgehoben, dass bei Chorioiditis disseminata die bekannten multiplen Scotome ungefähr denselben Raum
einnehmen, den auch das zonuläre Scotom beschlägt.

Ich glaube dargethan zu haben, dass man das zonuläre Scotom
im Anschluss an die Scotome bei Chorioiditis disseminata betrachten muss.

Es ergiebt sich hieraus eine Disposition der Chorioidea, in
einem bestimmten zonulären Gebiete mit Vorliebe zu erkranken.
Worauf diese Disposition beruht, bliebe noch festzustellen.

Hersing deutet den Umstand in seinem Falle, dass der blinde
Fleck mit in den Defect eingeschlossen ist und dass die schmalste
Stelle des blinden Ringes nach aussen von der Macula liegt, zu
Gunsten seiner Annahme vom Einfluss der Netzhautgefässe. Er
muss dann zugeben, dass der Graefe'sche Fall diese Erfordernisse
nicht zeigt. In demselben ist der blinde Fleck gesondert zu
begrenzen.

In unseren Fällen ist im früheren Stadium des Scotoms der blinde Fleck immer frei, und steht erst, wenn das Scotom schon grosse Dimensionen angenommen hat, mit demselben in Verbindung, auch entstehen die ersten Anfänge des Scotoms häufiger nach aussen von der Macula als nach innen.

Also auch dieser Grund für die Annahme des Einflusses der Retinalgefässe, wenigstens im Beginn der Erkrankung, ist nicht stichhaltig.

Betrachten wir die Gesichtsfelder, so finden wir die Mitte des scotomatösen Ringes durchschnittlich 30—35° vom blinden Fleck entfernt. Denkt man sich an dem Querschnitt eines Auges den Ort der Vasa vorticosa (in der Mitte zwischen Ora serrata und Opticus) mit dem Knotenpunkte verbunden, so erhält man einen Winkel von circa 70°. Verbindet man den Knotenpunkt mit der Papille, so theilt man diesen Winkel in zwei Hälften, von denen die auf der Seite der Macula etwas grösser ist als die andere, jede zu 30—35°. Es entspricht mithin die Mitte des Scotomgürtels ziemlich genau einem Kreise, der durch die Vasa vorticosa gelegt gedacht wird.

Bei Beschreibung des ophthalmoskopischen Bildes einer Chorioiditis und besonders einer Retinitis pigmentosa wird gewöhnlich gesagt, die Hauptveränderungen fänden sich in der äussersten Peripherie, im Aequator. Es ist jedoch in solchen Fällen, nicht etwa der der ora serrata benachbarte Theil betroffen, sondern der am weitesten peripher gelegene Bezirk, welcher der ophthalmoskopischen Untersuchung noch zugänglich ist, und zwar die in Rede stehende Zone circa 35° vom Eintritt des Opticus entfernt. An wenig, normalerweise, pigmentirten gesunden Augen kann man sich leicht überzeugen, dass man jenseits der Vasa vorticosa gelegene Particen bei gewöhnlicher Untersuchung nicht zu Gesichte bekommt. In dieser Zone, 35° vom Opticus, befindet sich z. B. das Pigment in den von Landolt[1]) beschriebenen Augen, die ich ebenfalls untersucht habe. In beiden bildet das Pigment einen Gürtel, welcher ungefähr in der Mitte zwischen Opticus und Ora serrata, also am Orte der Vasa vorticosa liegt.

1) Archiv f. O. XVIII 1, S. 338.

Landolt sagt: „Die Papillen sind umgeben von einem circa 4 Mm. breiten Ringe, der nur sehr wenig pigmentirt ist, darauf folgt eine vielleicht 1 Cm. breite Zone, die bis an den Aequator reicht und die Hauptmasse des ästig geordneten Pigments enthält. Von da an bis zur Ora serrata findet sich wieder viel weniger davon.“

Augenscheinlich ist diese Vertheilung mit der Ausbreitung der Retinalgefässe nicht in Verbindung zu bringen.

Untersucht man Fälle von Retinitis pigmentosa nach Atropinisation, so kann man sich von der zonulären Anordnung des Pigments überzeugen. Gegen den Aequator zu nimmt zuerst das Pigment an Dichtigkeit ab, dann verschwinden die Knochenkörperchen und bleiben nur noch feine punktförmige Flecken, bis auch diese noch innerhalb des sichtbaren Bereichs aufhören.

Diese Zone ist durch ihren Blutreichthum in ähnlicher Weise zu Erkrankungen disponirt, wie die der Macula anliegenden Chorioidea durch die oben hervorgehobene eigenthümliche Gefässvertheilung.

Wie aus dem Falle 74 und 76 hervorgeht, ist als die unmittelbare Ursache des Scotoms das Auftreten der frischen Infiltrationen anzusehen. Dieselben müssen die inneren Schichten der Chorioidea einnehmen oder zwischen diese und die Retina sich einschieben und so die Stäbchen auseinanderdrängen und ausser Function setzen.

Daraus, dass auch bei Chorioiditis disseminata häufig die Retina intact bleibt, die Erkrankung nicht bis in dieselbe hineinwächst und Scotome vergeblich gesucht werden — die Infiltrationen liegen dann nicht in der an die Netzhaut grenzenden Schicht — erklärt sich auch die Seltenheit der zonulären Defecte. Umgekehrt müssen aber auch Fälle vorkommen, wo einmal eine Infiltration über die Schicht der Stäbchen und Zapfen hinausreicht in die Nervenfaserschicht hinein mit einem Sectorausfall als Folge.

Schematisch Fig. 6: ein Heerd *a* wird gar keine Zeichen im Gesichtsfelde geben, *b* ein Scotom resp. Ringscotom, *c* einen Ausfall des Gebiets, welches die betroffenen Fasern versorgen.

Mit gleichzeitigen peripheren Defecten.

Das Gesichtsfeld XXXV zeigt einen complicirten Fall, in welchem sich alle Modalitäten ausprägen. Nach innen-unten liegt die Erkrankung bei *c* weiter nach innen bei *b* und in der übrigen

Chorioidea, die auch massenhaft von chorioiditischen Heerden durchsetzt war bei *a*.

Der letzteren Erkrankung entspricht keine Gesichtsfeldanomalie.

Fig. 6.

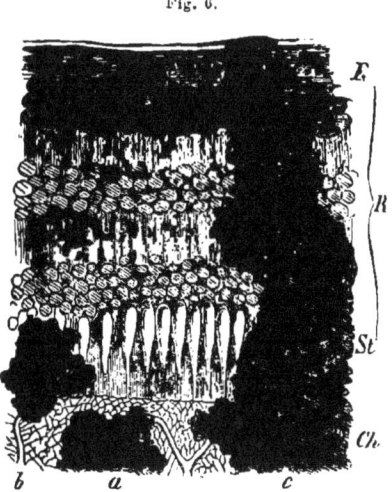

„Grössere peripherische Defecte im Sehfelde können jedoch auftreten, wenn die atrophische Degeneration innerhalb der Heerde sich bis in die innersten Netzhautschichten erstreckt, so dass die Leitung in den zu peripherischen Netzhautpartieen hinziehenden Nervenfasern aufgehoben wird," sagt Fetzer Seite 29. Es kommt nach ihm diese Ausdehnung auf die inneren Retinaschichten nur bei den bösartigen Formen von Chorioretinitis vor.

Drei weitere Fälle wo die Faserschicht der Netzhaut mit afficirt ist, sind folgende.

Nr. (77, XXXVI). M., 48 J., 15/IX., war 1860 syphilitisch, hatte Schanker, vor 7 Jahren sore throat and mouth, sonst keine Symptome, keine Ausschläge und Geschwüre, brauchte viel gegen die erste Affection. War sonst nicht krank.

Vor 2 Jahren erblindeten beide Augen plötzlich; später besserte sich das linke wieder etwas.

L. S. ¹/₄ R. Handbewegungen. Bulbi nicht hart. L. Reste von Iritis auf der Vord. Kapsel.

Ophth. Bdsts. unzählige Glaskörperflocken, grössere, von denen R. einer gerade vor dem Opticus schwebt, und feinkörnige.

Optici nicht scharf begrenzt, trüb grauröthlich. Centrale nicht randständige Excavation.

Retina um den Opticus getrubt. L. in der Nähe der Papille mehrere frische weisse Infiltrationen, nach unten deutliche chorioiditische Veränderungen.

R. nach oben chorioiditische Herde, ganz nach aussen Pigmentinfiltration der Retina und leichte Marmorirung. In der Macula ein grosser dichter Pigmentfleck.

Chorioretinitis specifica. Das Gesichtsfeld zeigt L. die gleiche Combination von Ringscotom und peripherischem Defect wie Fall (75, XXXV) R. ist das Gesichtsfeld wegen grossem centralen Scotom nicht festzustellen.

Nr. (78, λ.) B. 30 J., reisender Künstler. 12/II. Vor 9 Jahren Infection mit Tripper, vor 6 Jahren Geschwüre im Halse, die geätzt wurden und Heiserkeit. Vor 5 Jahren wurde Abnahme des Sehvermögens auf dem linken Auge bemerkt. Appetit gut, keine Kopfschmerzen, bisweilen Verstopfung.

Am 19/II. 68 ergab der Befund: R. M. $^1/_{60}$ S. 1. L. Finger in 1 Fuss. Gesichtsfeld nicht beschränkt, doch das Sehen innen undeutlicher.

Ophth. Papille sehr hyperaemisch. Umgebung derselben trübe, leicht geschwellt, Gefässe breit.

Retinitis specifica. 12/VI 73. Kommt aus dem Spital, wo er an Strictura urethrae behandelt wurde. R. M. $^1/_{60}$. S. 1. Trägt — 16. L. Finger in 10' excentrisch fixirend.

Ophth. L. grosser Pigmentfleck in der Macula. Chorioiditis disseminata aequatorial. Wenig Pigmentirung, die theilweise in die Retina eingetreten ist. Opticus ziemlich roth, zarte Glaskörperflocken. Alle Farben erkannt. Schema λ.

Schema λ.

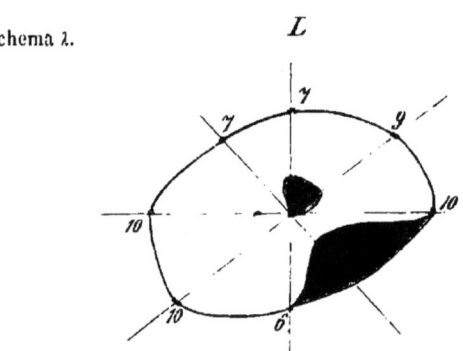

Endlich der letzte, nicht am wenigsten interessante Fall:

Nr. (79, XXXVII) 5/III. Fr. L. 33 J., war früher schon als Retinitis pigmentosa notirt, sieht seit der Geburt schlecht.

Hat seit einigen Tagen Flocken vor dem linken Auge bemerkt. R. E. S. $^2/_3$. L. E. S. $^1/_3 — 1^1/_2$. L. grosse Glaskörperklumpen. Cho-

rioideal-Pigment sehr gelockert, links nach unten selbst strichweise
mangelnd. Gesichtsfeld sehr beschränkt, nur nach aussen noch eine
zonuläre Lücke bdsts. vorhanden.

Ein Bruder hat Hyper. Nystagmus und Amblyopie.

Bei der Patientin ist einiger Verdacht auf hereditäre Syphilis
vorhanden.

Aetiologisch ist von Wichtigkeit, dass bei den am Weitesten
vorgeschrittenen Fällen 72. 74. 77. 78. alle Zeichen von Syphilis
vorhanden waren und können wir daher für den etwas vagen Ausdruck Fetzer's „bösartigsten" setzen specifischen, siehe Seite 147.

Wenn der Process sich bald zurückbildet, ist wahrscheinlich
eine restitutio ad integrum, jedenfalls eine bedeutende Verkleinerung
der nicht functionirenden Partie möglich. Erst später mit dem
Eintritt der Vernarbung und atrophischen Schrumpfung der Chorioidea wird eine Zerstörung auch der nervösen Elemente stattfinden.

In diesem Stadium verwächst die Chorioidea mit der Retina
im Bereiche der ganzen betroffenen Zone, es beginnt die Ein-
wanderung des Pigments in die letztere. Dasselbe schlägt die
Richtung auf die grossen Netzhautgefässe ein und bezeichnet den
Weg, auf dem ein Säfteaustausch zwischen der erkrankten Zone
der Chorioidea und den Retinalgefässen erfolgt.

Theils dadurch, dass durch Vermittlung der Gefässe die anliegenden Retinapartieen in Mitleidenschaft gezogen werden und
die Erkrankung weiter um sich greift, theils durch die Pigmenteinlagerung in die vorderen Retinaschichten und die damit ver-
bundene Absperrung des Lichtes, wird das Scotom sich noch ver-
grössern. Es ist also in diesem Stadium ein Einfluss der Retinalgefässe denkbar und auch wahrscheinlich, da in mehreren unserer
Fälle auf diesem Zeitpunkte der Erkrankung der blinde Fleck mit
in das Scotom eingeschlossen wird.

Sobald die Erkrankung soweit gediehen ist, Pigment in der
Retina nachzuweisen, Verwachsung der Chorioidea und Retina und
damit Zerstörung der äusseren Retinaschichten anzunehmen ist,
darf ein Verschwinden des Scotoms nicht mehr erwartet werden.
Schliesslich verschwindet auch der periphere Gesichtsfeldrand und
es bleibt ein minimales Gesichtsfeld wie bei der typischen Retinitis
pigmentosa.

Diesen Moment zeigt gerade das Gesichtsfeld XXXVII.

Bei wirklich typischen Fällen von Retinitis pigmentosa habe ich nie Ringscotome gefunden.

Es kann daher das Ringscotom vielleicht als Classificationsmerkmal gelten.

Combinationen. Natürlich können sich, wie verschiedene Krankheitsprocesse, so auch verschiedene Gesichtsfeldanomalieen mit einander combiniren. Die häufigste Combination ist die der Atrophia optici mit der Chorioiditis disseminata. Eine andere die der Atrophie mit Glaucom, welche wir oben unter Glaucom schon besprochen haben.

Leider steht mir für erstere kein vollständiges Paradigma zu Gebote. In beifolgendem Falle alter syphilitischer Chorioiditis disseminata ist es allerdings zu secundärer Atrophia optici gekommen und dem entsprechend blieb von Farbenperception nur die von Blau erhalten, jedoch fehlen die Scotome, mit Ausnahme eines centralen, der chorioiditische Process hatte wahrscheinlich in den äusseren Schichten seinen Sitz, so dsss keine Scotome hervorgerufen wurden.

Dann begann auch im Falle (72, XXXI) sich secundäre Atrophie des Opticus einzustellen, die Farbengrenzen waren eingeschränkt, so dass jenseits des Ringscotoms keine einzige Farbe mehr erkannt wurde, obgleich bei normalen Verhältnissen in diesen Graden Blau und sogar Roth noch richtig erkannt worden wären.

Nr. 80. M., 35 J. 22/VIII. Die Augenkrankheit begann vor vier Jahren. Das R. Auge erkrankte ein Jahr später als das L. Patient sah beleuchtete Spinngewebe. Er hatte zu derselben Zeit sehr heftige Schmerzen in den Schienbeinen, besonders im Bett. Er war syphilitisch. Vor drei Jahren machte er eine Mercurialkur durch und glaubte durch dieselbe Besserung zu verspüren.

L. S. $^1/_{20}$, R. $^1/_{10}$ seitlich.

Bdsts. nur Blau und Gelb erkannt. R. Gesichtsfeld nicht deutlich beschränkt. L. Scotoma centrale von 9″ Durchmesser auf 12″, den blinden Fleck einschliessend.

Ophth. bdsts. Chorioiditis disseminata mit starker Betheiligung der Retina. L. Atrophie des Pigments über den ganzen Augenhintergrund. Maculaaffection. In der Retina unregelmässige Pigmentflecken.

Optici grauweiss, trübe.

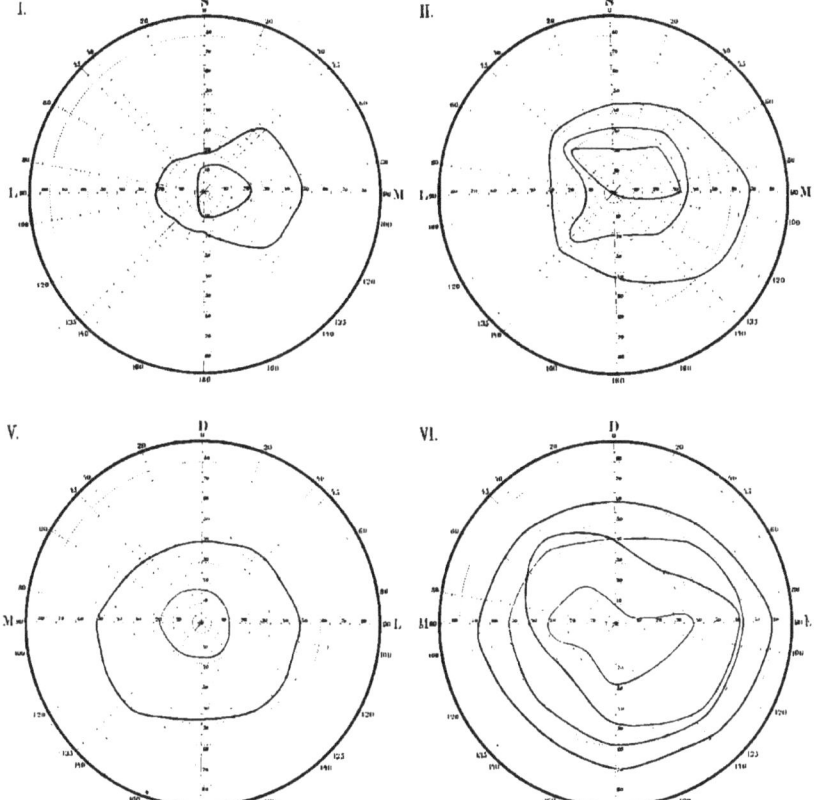

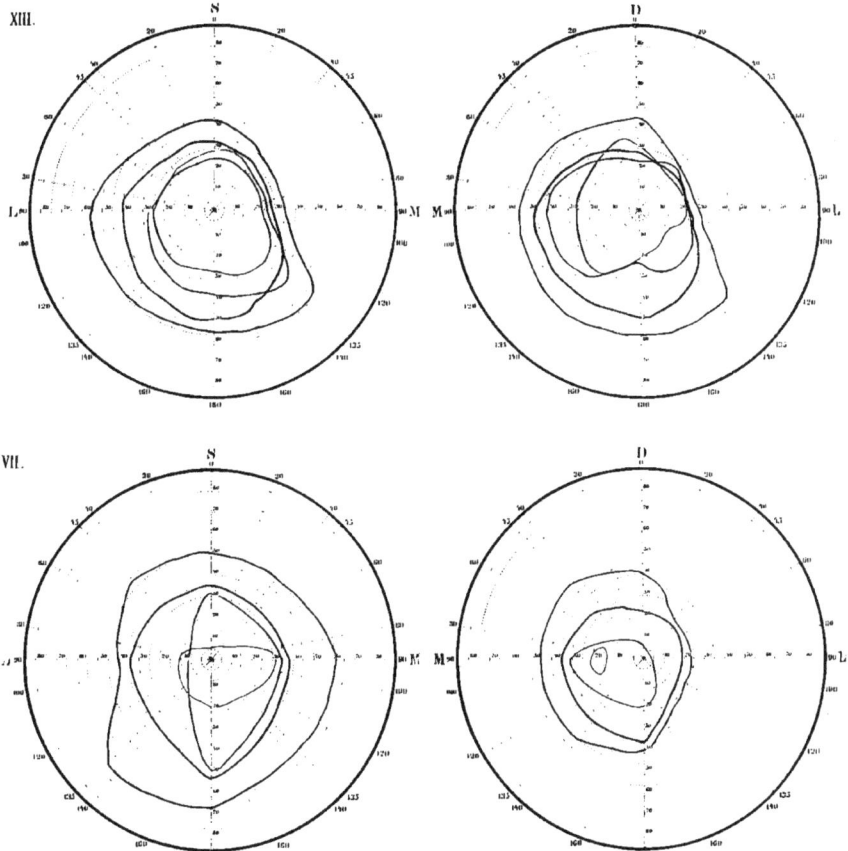

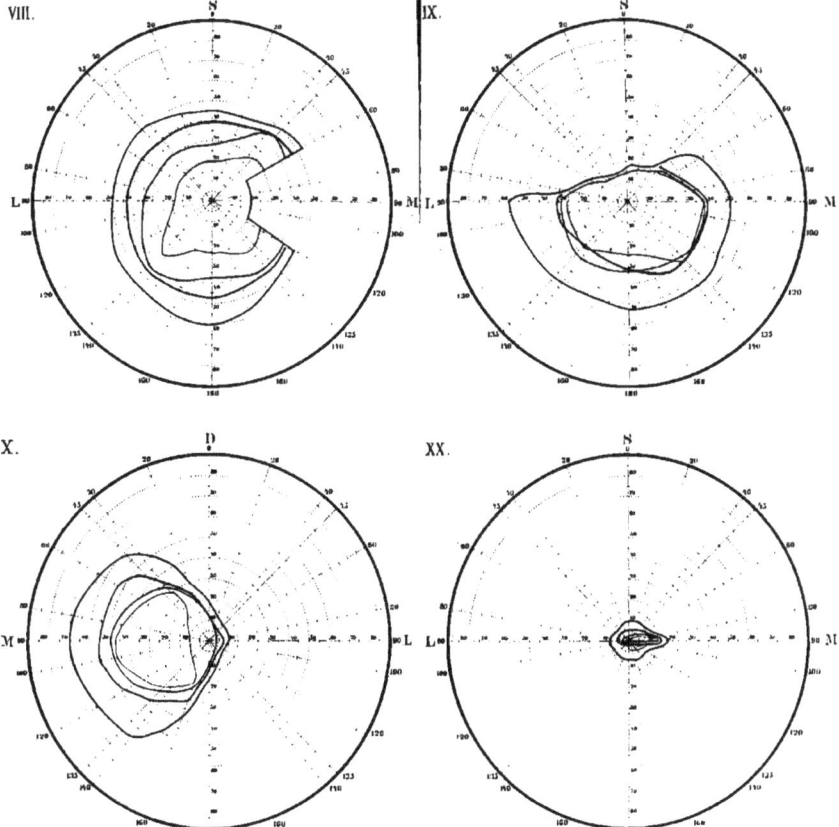

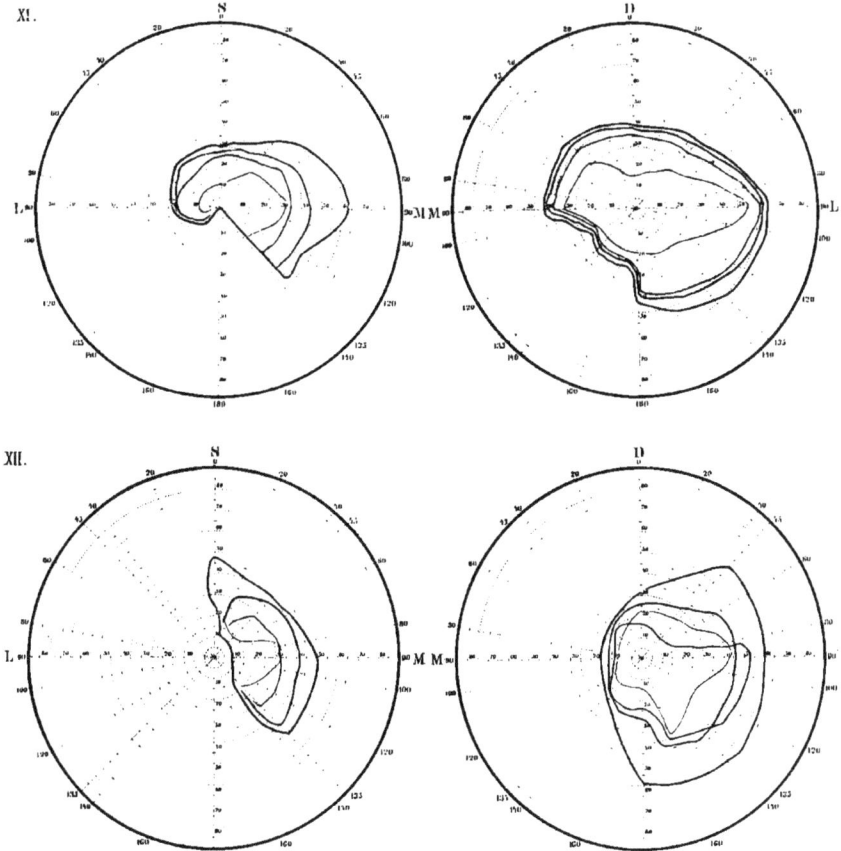

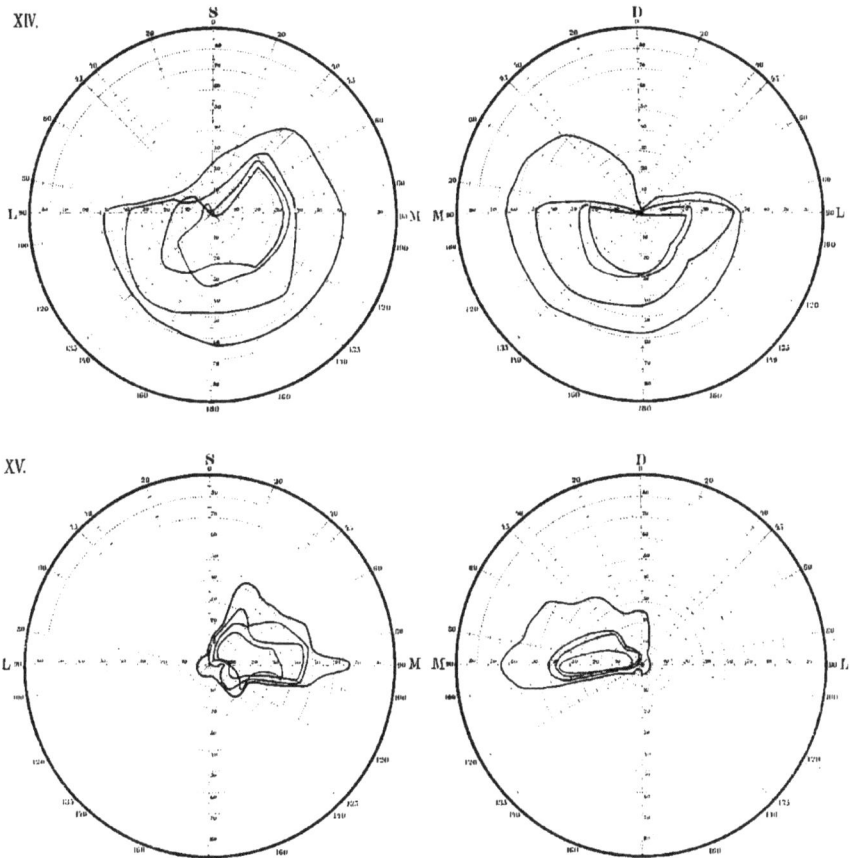

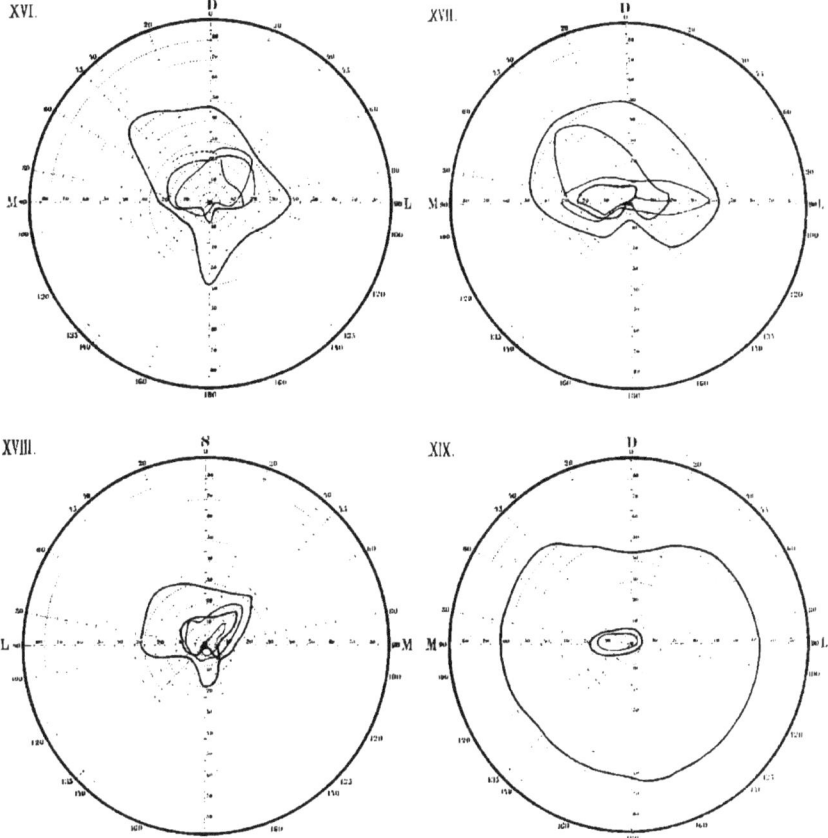

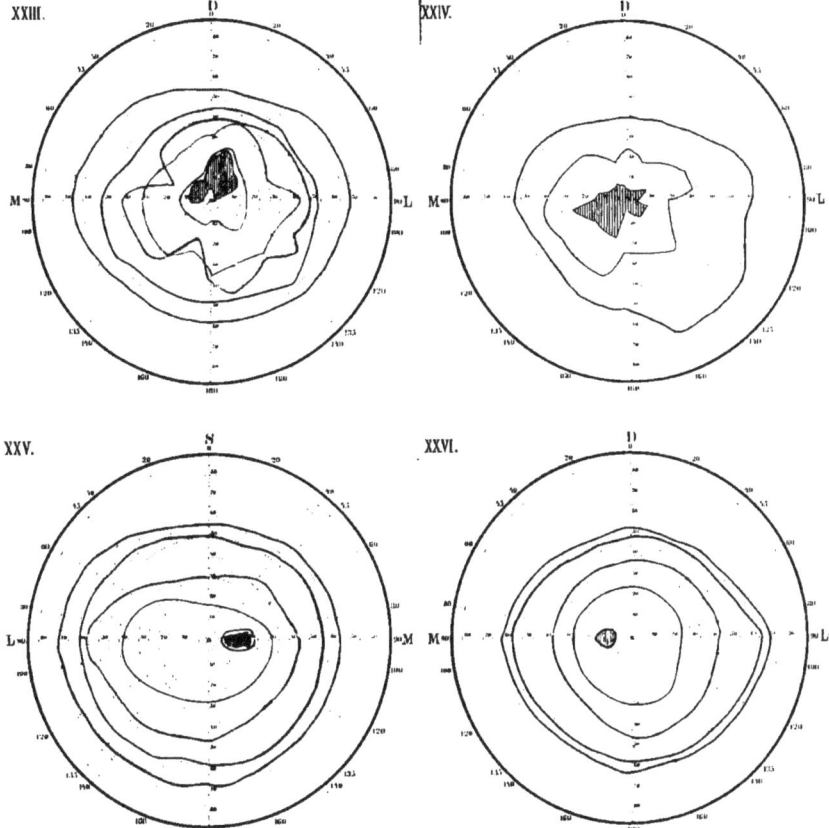

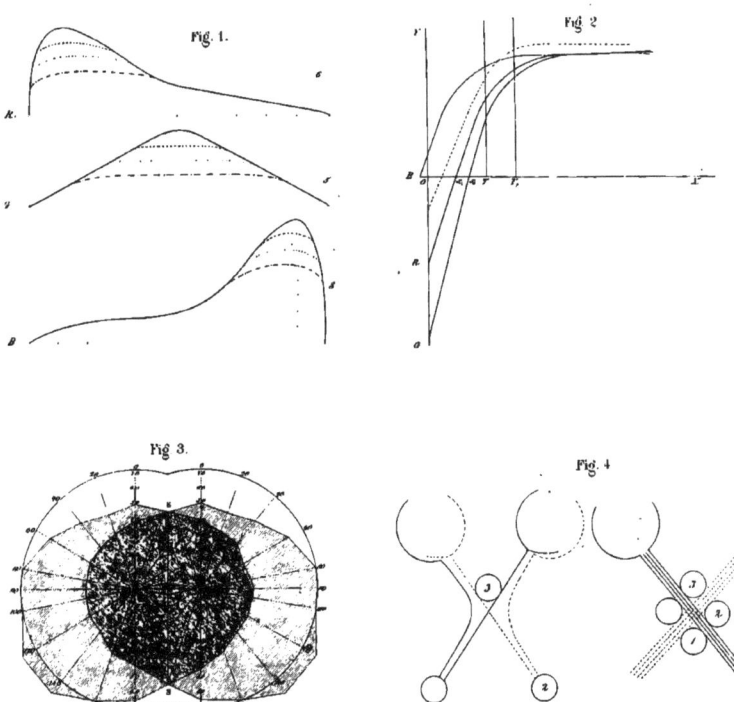

Fig. 1.

Fig. 2.

Fig. 3.

Fig. 4

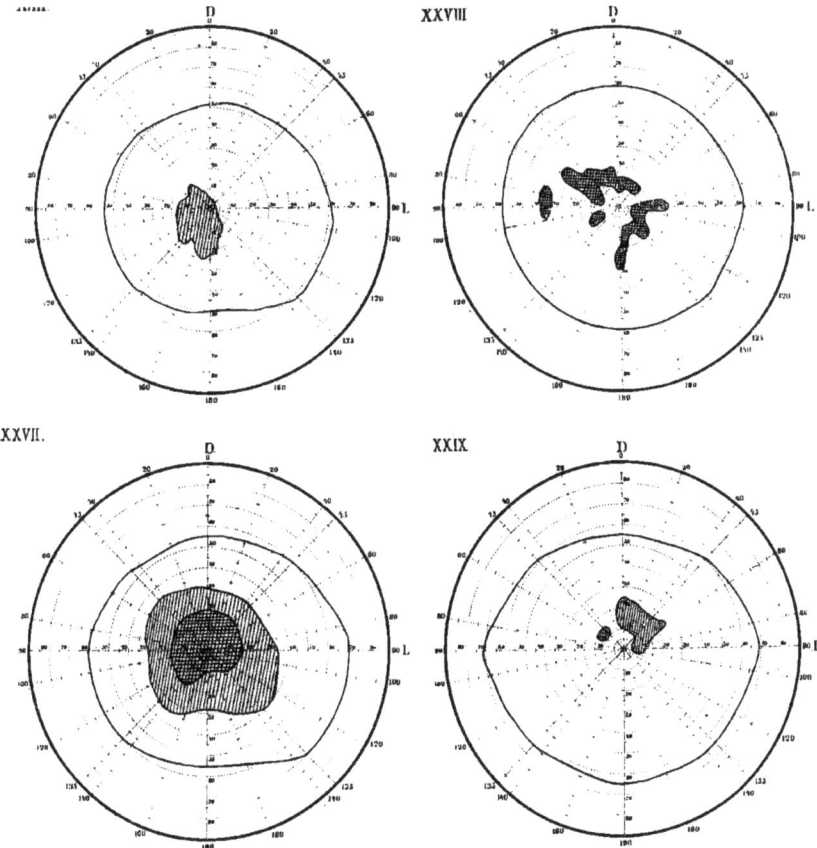

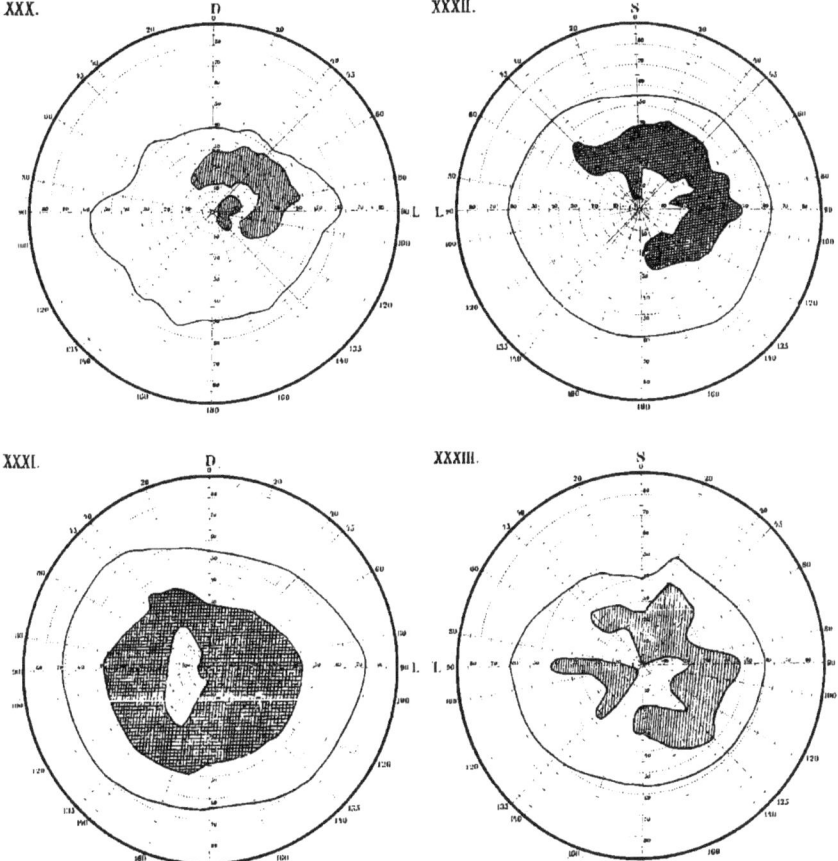

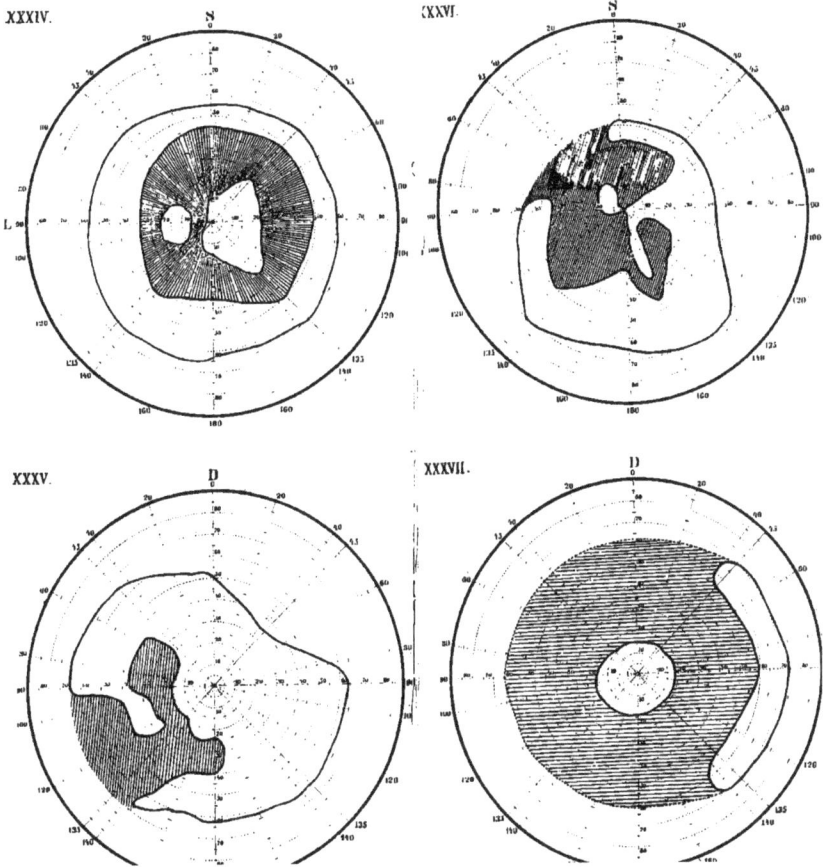

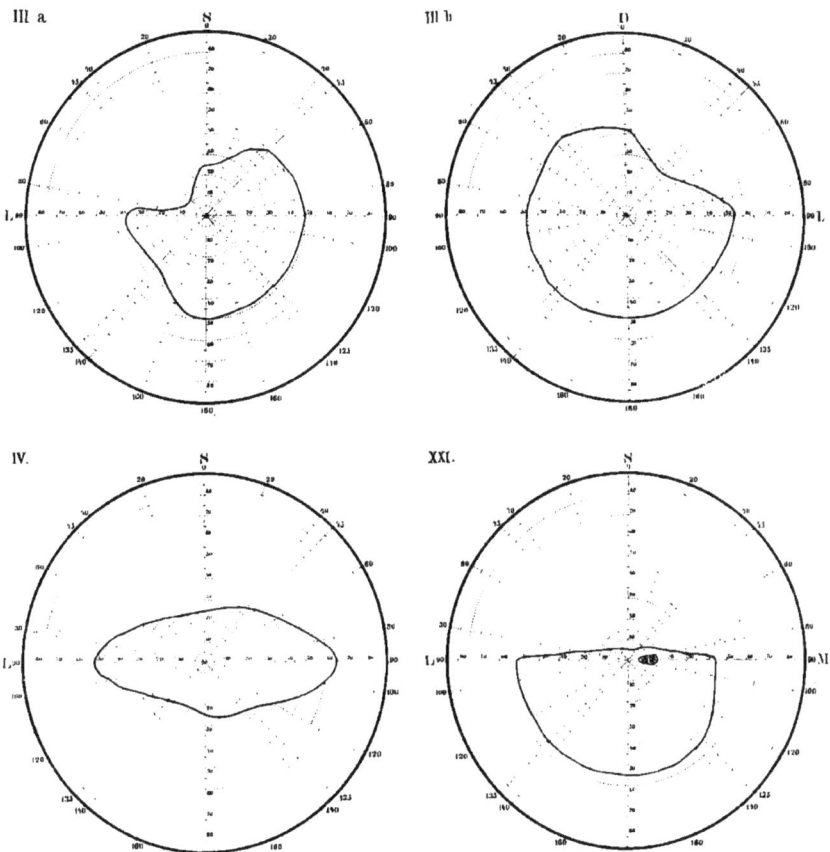